우리말 비타민

1년 365일

우리말
비타민

정재환
지음

종이와
나무

뚜껑을 열며

　말은 표현의 수단이고 생각의 그릇이다. 말로 생각하고 말하고 행동한다. 또한 말은 사람과 사람을 이어주는 다리다. 같은 말을 쓰면 잘 통하고 상대의 생각을 알 수 있다. 또한 말은 약속이다. 소통이 매끄러울 수 있는 것은 약속한 말을 쓰기 때문이다. 약속을 지키면 편안하고 정확하고 안전하다. 그러나 약속이 늘 같은 것은 아니다. 약속은 바뀔 수도 있고, 새로운 약속이 생겨나기도 하며, 어떤 약속은 효력을 잃기도 한다.

　우리말 '뚜껑'은 여러 가지 의미를 갖고 있다. '모자'를 속되게 이르는 말이기도 하고, '사물의 윗부분을 덮는 물건'이기도 하지만, 참을 수 없을 정도로 몹시 화가 났을 때 '뚜껑이 열렸다.'라고도 말한다. 머리말을 '뚜껑을 열며'라고 할 수 있는 것도 어떤 내용이나 결과가 궁금할 때 '뚜껑을 연다.'라는 뜻으로 쓰기로 약속한 때문이다. 만일 예고 없이 약속을 어기거나 약속과 달리 쓰면 무슨 뜻인지 알 수 없어 소통의 다리가 뚝 끊길 수도 있다.

　인터넷에서 한국인들이 중국에서 찍은 사진 몇 장을 보았다. 가게 이름이 '好年烟酒商店'인데, 한글로 '좋은년담배술상점'이라고 적혀 있었다. 다른 사진에 보이는 중국어 간판 '韩国脆皮肉饼'은 '한국취피육병'이다. '한국식 피가 얇은 고기만두'를 파는 집일 것 같은데, 흐릿한 사진을 유심히 들여다보니, '맑았던육체떡'이라는 정체불명의 음식을 팔고 있었다. 수년 전 중국 단둥에서 직접 목격한 우리말은 호텔 식당 입구에 적힌 '뷔페 아침 식새'였다.

웃음이 나긴 하지만 그럴 수 있지 않나! 우리가 한 약속에서 약간 벗어났지만, 외국인이 한국어를 잘 쓰는 것이 쉽지 않으니, 이런 실수는 자연스럽다. 반면 날마다 주고받는 인사말이지만 '좋은 하루 되세요.' '건강하세요.' 같은 우리말은 이상하다. 누구나 건강하게 살며 좋은 하루하루를 보내고 싶겠지만, '내가 좋은 하루가 되는 것'은 죽었다 깨어나도 불가능하다.

컴퓨터와 인터넷, 스마트폰을 사용하면서 누구나 글을 쓰는 세상이 되었다. 블로거, 인플루언서도 등장했다. 스마트폰 하나로 지식과 정보, 생각 등을 공유할 수 있어서 좋다. 그런데 글을 읽다 보면, 있슴, 없읍니다, 개가천선, 햇빗, 햇볓, 달빗, 창까, 입문계, 시럽계, 망말려, 몬말려, 일치얼짱, 에어컨 시래기, 덕페이스 등등 전에 몰랐던 기상천외한 말들을 마주하게 된다.

몸이 좋지 않거나 이상 신호가 왔을 때, 식단을 조절하고 운동도 하고 물질대사나 신체 기능 향상에 좋다는 비타민을 복용한다. 비타민 에이 비 시 디 등등 비타민뿐만 아니라 필수 아미노산, 필수 지방산, 무기염류 등도 섭취한다. 머니(money) 머니해도 건강이 최고라고 하듯이 꼬박꼬박 챙긴다. 반면 요람에서 무덤까지 쓰는 우리말에는 무덤덤하다.

정치, 사회뿐만 아니라 재테크에 관심 많은 '영끌족'도 등장하고, 취직을 위해 1,000쪽이 넘는 영어 문법 책과 씨름을 하면서도 국어 문법이나 한글 맞춤법에는 눈길을 주지 않는다. 대통령조차 "학교 다닐 때 국어가 재미가 없었다. 우리말을 무엇 하러 또 배우나. 저도 학교 다닐 때 국어가 재미가 없었다. 문학 하시는 분들은 청록파, 이런 것을 국어라고 했지만 그게 아니다."라고 했으니... 청록파가 국어가 아니면 신상사파, 서방파, 양은이파가 국어인가!

우리말에는 관심도 없고 애정도 없는 것 같은데, 거리에는 베스트스피치, 키즈스피치, 꿈의 스피치 등 온갖 스피치가 넘쳐난다. 대부분 말을 잘하고 글을 잘 쓰고 싶어 하지만 문제는 '스피치'가 아니고 '말하기'다. '한국어로 스피치한다.'는 말보다는 '한국어로 말한다.'는 말이 자연스럽고 한국어답다. 한국인은 한국어로 말한다. 우리에게 한국어는 절대적으로 중요한 의사소통 수단이자 생각을 담는 그릇이다. 당신이 쓰는 말이 당신이 누구인가를 말해준다.

'한국인답게 말하기, 한국인답게 잘 말하기' 어떻게 할 수 있을까? 닭 잡는 데 소 잡는 칼을 쓰지 않듯이 적절한 말을 사용해야 한다. 그러려면 우리말을 알아야 하고 되도록 넓고 깊게 알아야 한다. 우리말을 모르면서 잘하고 싶어 하는 것은 나무에 올라가 물고기를 구하는 것과 같다. 은행에 통장을 개설하고 주식을 사듯이 우리말에 투자해야 한다. 그라운드를 달리는 선수가 골을 넣듯이 우리말의 바다에 뛰어들어야 우리말을 잘할 수 있다.

2년 넘게 '정재환의 우리말 비타민'이란 영상을 유튜브에 올리고 있다. 2023년 9월 현재 구독자 수는 740명에 불과하니, 방송국 같았으면 벌써 종영했을 것이다. 변명이지만 구독자들을 위해 재밌게 구성도 하고 편집도 하고 영상미도 살려야 하는데, 재주도 시간도 없어서 그저 우리말을 잘하고 잘 쓰기 위해 필요한 필수 비타민 같은 얘기를 열심히 찾아 소개하고 있다. 즐겁게 살려면 세상 흐름도 알아야 하고 자신만의 길도 닦아야 하는데, 인간의 활동은 언어를 통해서 이루어지니, 말을 잘하고 글을 잘 쓰고 싶어 하는 한국인에게 우리말 비타민 섭취는 선택이 아닌 필수다.

2023. 9.

뚜껑을 열며

1장   말하기 비법

2장   톡톡 우리말

3장   기묘한 우리말

4장 헷갈리는 맞춤법

5장 맞춤법 정복을 위한 띄어쓰기와 사이시옷

6장 門化光 트윈데믹, 아리아리!

말하기 비법

대부분의 시간을 방송 모니터하고 책 읽고 글 쓰고 연기 연습을 했다. 책을 읽을 때는 30분 이상은 반드시 소리 내어 낭독했고, 대사를 정확히 하기 위해 입에 볼펜을 물었다. 방송이 있는 날은 마이크나 카메라 앞에 서기 직전까지 적당한 장소를 찾아 연습했는데, 화장실도 아주 좋았다. 처음에는 들락거리는 사람들이 신경 쓰였지만 곧 익숙해졌고, 대형 거울이 있어 말하면서 입모양, 표정 등을 확인할 수 있었다.

1990년대 초반 한국방송공사 라디오 2에프엠(2FM)에서 매일 오후 6시부터 8시까지 방송하는 '정재환쇼'를 맡아 진행하게 되었다. 첫 방송 며칠 전 어떤 프로그램(?)에 출연해 '방송은 한국방송공사 사장님 것도 아니고 제 것도 아니죠. 방송은 오로지 청취자의 것이니, 청취자를 위해 열심히 떠들고 듣는 진행자가 되겠습니다.'라고 포부를 밝혔는데, 인터뷰가 끝나고 '선배님, 어쩜 그렇게 말씀을 잘 하세요?'라는 칭찬을 들었다.

문화방송에서 연기대상 우수상을 받고 무대에 올라가 수상 소감을 말했다. "솔직히 저는 항상 사람들한테 그래요. 일개 배우 나부랭이라고. 왜냐하면 60명 정도 되는 스태프들과 배우들이 이렇게 멋진 밥상을 차려 놔요. 그럼 저는 맛있게 먹기만 하면 되는 거거든요. 그런데 스포트는 제가 다 받아요. 그게 너무 죄송스러워요."라고 황정민처럼 말했으면 좋았으련만, '이 상을 받기까지 응원해 주신 분들과 팬들에게 감사드린다.'라는 틀에 박힌 말을 몇 마디 했던 것 같다.

말을 잘한 때도 잘못한 때도 있었지만 말과 함께 살았다. 말로 생각을 표현하고 청중을 웃기고 울렸다. 어떤 말은 행복을 전파했고, 어떤 말은 그저 허공으로 사라졌으며, 어떤 말은 생각조차 하기 싫을 정도로 끔찍했지만 그런 말일수록 기억에서 지워지지 않았다. 말과의 인연은 방송에 데뷔하던 19살부터 시작되었다. 말 잘한다, 언변이 좋다, 입담이 좋다, 전달력이 좋다는 얘기를 들었지만, 무려 7, 8년을 무명 개그맨으로 활동했다. 이름도 얼굴도 일도 돈도 없었지만, 그럼에도 이 바닥에서 반드시 스타가 되겠다는 꿈을 안고 버텼다.

당시 이름을 날리던 선배들을 보면서 배웠고, 대부분의 시간을 방송 모니터하고 책 읽고 글 쓰고 연기 연습을 했다. 책을 읽을 때는 30분 이상은 반드시 소리 내어 낭독했고, 대사를 정확히 하기 위해 입에 볼펜을 물었다. 방송이 있는 날은 마이크나 카메라 앞에 서기 직전까지 적당한 장소를 찾아 연습했는데, 화장실도 아주 좋았다. 처음에는 들락거리는 사람들이 신경 쓰였지만 곧 익숙해졌고, 대형 거울이 있어 말하면서 입모양, 몸짓, 표정 등을 확인할 수 있었다.

방송에서는 예상치 못한 질문과 대답이 오가기도 하고, 돌발 상황도 발생하기에 모든 '말'을 미리 생각할 수 없지만, 사전에 준비할 수 있는 것은 어떻게 시작하고 전개하고 마무리 지을까를 연거푸 생각하며 연습했다. 같은 얘기를 이렇게도 해 보고 저렇게도 해 보며 실험했고, 가장 좋다고 판단되는 줄거리를 완성한 후에도 숙지할 때까지 연습을 반복했다. 실패는 성공의 어머니, 연습은 성공의 아버지(열쇠)다!

말하기 기초 비타민

　나는 말을 잘하는 사람인가? 절대 '그렇다'라고 대답할 수 없다. 아마도 말을 잘하려고 생각하고 노력하고 고민하며 길을 찾는 사람일 것이다. 책도 읽고 글도 쓰고 남의 말을 관찰도 하고 흉내도 내 본다. 방송이나 모임에서 한 '말'을 되새김질 하면서 스스로 분석도 하고 평가도 한다. '그 말은 참 잘했지! 아, 그런 말은 안 했어야 했는데... 다음에 또 그런 상황이 발생하면 모자가 아니라 신발이었다고 말해야지.' 오랜 시간 고민과 궁리를 해 왔음에도 말하기 모범 답안은 아직 찾지 못했다.

　개그맨으로 방송에 입문해 방송 사회자, 한글 운동가, 한글 역사를 공부하는 사람으로서 살아 왔다. 문화방송에서 연기대상 우수상도 받았고, 성균관대학 총장상, 문화부장관상, 국무총리상, 대통령상도 받았지만, 가장 반갑고 기뻤던 상은 'KBS 바른언어상(1999년)', 한국여성민우회 미디어운동본부의 '푸른미디어 좋은언어상(1999년)', '교육방송 올해의 좋은프로그램상(TV진행자부문)(2004년)'이었다. 우리말과 방송 언어 발전을 위해 더 열심히 하라는 격려와 채찍이었지만, 20년이 지나도록 이룬 게 없어 부끄럽다.

　말의 세계는 드넓은 우주와 같아 아직도 까마득히 멀게만 느껴지지만, 그럼에도 살며 배우며 깨달은 것이 없지는 않은 것 같다. 세간에는 '말하기' 고수들이 출간한 많은 책이 나와 있고, 다양한 의견들이 각축

하고 있다. 말을 잘하려면 발음이 좋아야 한다, 전달력이 좋아야 한다, 어휘력이 풍부해야 한다, 책을 많이 읽어야 한다, 유머 감각이 있어야 한다, 핵심을 짚어야 한다, 호소력이 있어야 한다 등등 조언은 차고 넘친다.

과연 어떤 길로 가야 할까? 부산 가는 길은 고속도로만 있는 것은 아니다. 국도와 고속철도 있고 하늘 길도 열려 있다. 빠른 길을 택할 수도 있고, 유람하듯 동해나 남해를 빙 돌아 갈 수도 있으며, 걷거나 뛸 수도 있고 자전거를 타고 갈 수도 있다. '정도는 없다.'는 말도 있지만, 공자는 '세 사람이 길을 가면 반드시 스승이 있다.'고 했다. 어떤 길에서든 누구와 함께 가든 배울 게 있다.

어떤 길을 가든 기초가 튼튼해야 한다. '우리말 말하기'의 기초는 우리말을 잘 알고 많이 아는 것이다. 말할 때나 글을 쓸 때나 생각을 표현하는 데 필요한 우리말을 두루 아는 게 좋다. 어떻게 알 수 있을까? 부모와 가족, 선생님과 친구 등에게 배우고 사전도 펼쳐 보고 시·수필·소설 등 향기로운 문학 작품을 읽는다. 학교·일터·신문·방송에서도 보고 듣고 배울 수 있으니, 세상은 말 배우는 학교다. 뜻만 세우면 언제 어디서나 배울 수 있지만, 말하기 기초를 다지기 위해 일반적인 외국어 학습 과정을 참고하는 것도 좋다.

첫째, 단어를 많이 알아야 한다.

말을 잘하려면 단어를 많이 알아야 한다. 영어든지 일어든지 단어를 모르고는 짧고 간단한 문장조차 구사할 수 없다. 만일 아는 단어가

'fine'밖에 없다면 하루 종일 'fine'만 말해야 할 것이다. 그나마 'fine' 이어서 다행이지만, 비슷한 의미로 쓸 수 있는 'good, well, excellent, great, fantastic, masterly' 등을 알아야 'I'm good, and she's great. Then we're fantastic.' 등 말을 풍성하게 구사할 수 있다.

'스미마셍(すみません: 미안합니다)'은 예의 바른 일본인들이 자주 쓰는 말이어서 알면 유용하게 사용할 수 있지만, 여행 가서 하루 종일 '스미마셍'만 하고 다닐 수는 없다. 무슨 잘못을 저질러 사과하러 간 것도 아니지 않은가? 여러 가지 상황에서 필요한 말, 적절한 말, 자신이 하고 싶은 말을 하기 위해서는 많은 단어를 알아야 한다. '早く謝ってください。(빨리 사과하세요.)'라는 말도 최소한 3단어는 알아야 말할 수 있다. 말을 하기 위해서는, 잘하기 위해서는 비슷한말, 반대말, 친척 말 등등 닥치는 대로 공부해야 한다.

교육방송 '문해력 유치원'에 따르면, 60개월 유아가 듣고 이해하는 단어는 6천 개 정도이고 표현할 수 있는 단어는 2천 개 정도다. '아빠랑 수영장 갈래.' 정도는 말할 수 있지만, '수영장에 가서 코치 선생님에게 자유형, 배영, 접영 등을 배우고 열심히 훈련하면 친구들보다 빠르고 멋지게 헤엄칠 수 있을 거야.'라는 표현은 불가능할 것이다. 성장 과정에서는 키만 자라거나 몸무게만 늘지 않고 어휘력도 늘고 지식도 늘고 생각도 는다. 청소년이 되고 성인이 되면 훨씬 많은 단어를 알고 사용하게 되지만, 노력하지 않으면 한계에 부딪히게 된다.

날마다 똑같은 말만 되풀이하고 있으니, 나는 인간인가, 앵무새인가?

둘째, 구나 숙어를 많이 알아야 한다.

영어 공부하면서 phrase(구), idiom(숙어), useful expressions(유용한 표현들) 등 온갖 표현을 외우고 익힌다. 영어의 숙어는 2개 이상의 단어가 한데 쓰여 각각의 단어가 지닌 본디 의미가 아닌 다른 의미를 나타낸다. 예를 들어 'Let's hit the road.'라는 문장은 '길을 때리자.'라는 뜻이 아니다. 3 개의 단어로 된 'hit the road'가 '길을 나서다.'라는 뜻이므로 'Let's hit the road.'는 결국 '가자!'라는 말이다.

be a steal: '훔친 것'이란 뜻이 아니고, '거저, 공짜'와 같은 뜻이다. 'It's a steal at 1 dollar. (1달러면 거저인데!)'

butterfly in my stomach: 나비가 배 속에 들었다면 나비를 삼켰거나 임신했다는 뜻일까? 단어 그대로 해석하면 곤란하다. '배 속에 불편한 것, 즉 나비가 든 것처럼 속이 거북하고 긴장이 된다.'라는 뜻이다.

piece of cake: '케이크 한 조각'이란 뜻이 아니고, 우리말 '식은 죽 먹기'처럼 '아주 쉽다'라는 뜻이다. '식은 죽 먹기'는 식은 죽 먹기지!

마찬가지로 우리말에도 2개 이상의 낱말이 함께 쓰여 각각의 낱말이 지닌 본디 의미와는 다른 의미를 나타내는 숙어와 관용구가 많다. 한국어와 영어는 매우 이질적이지만, 말을 사용하는 인간의 사고나 습성은 본질적으로 비슷해 유사한 면도 적지 않다. 여하간 영어의 구나 숙어처럼 우리말 구와 숙어도 많이 알고 활용해야 한다.

손을 씻다: 말 그대로 '위생을 위해 손을 씻다.'라는 의미도 있지만, '부정적인 일이나 찜찜한 일에 대하여 관계를 청산하다.'라는 뜻도 있다. "결혼하기 전 조직에서 손을 씻었어."

입을 맞추다: 말 그대로 입을 맞추는 행위, 즉 입맞춤이나 키스라는 뜻도 있지만, '어떤 일에 대해 서로 말을 맞추다.'라는 뜻도 있다. "그들은 사기를 치려고 미리 입을 맞추었다." 부부 사기단이라면 양쪽 다 해당될 수 있다.

눈이 높다: 말 그대로 '눈이 얼굴 위쪽 높은 곳에 위치해 있다.'라는 뜻이 아니고, 정도 이상 좋은 것만 찾는 버릇이나 습성을 가리키는 표현이다. "걔는 눈이 너무 높아 결혼하기 힘들 거야." 간혹 '걔'를 '개'로 잘못 표기하기도 하는데, 의도적인 것이 아니라면 '걔'라고 적어야 한다.

개가 정말로 영숙이랑 결혼한대?
→ 개를 가족의 일원으로 여기는 애견인들이 많이 늘었지만, 개와 인간의 결혼은 상상하기 어렵다. '걔가 정말로 영숙이랑 결혼한대?'

셋째, 속담이나 격언을 많이 알아야 한다.

영어 속담이나 격언을 공부하면, 말 그대로의 의미가 아닌 그 표현의 유래나 배경 등을 통해 겉으로 드러나지 않은 속뜻이나 교훈을 얻을 수 있고, 영어를 더욱 깊이 이해할 수 있을 뿐만 아니라 자신의 표현력을 향상시켜 궁극의 목표인 말하기(speaking) 고수가 될 수 있다.

Let sleeping dogs lie.

→ 자는 개는 그냥 내버려 둬라. 긁어 부스럼 만들지 말라는 뜻.

Don't judge a book by its cover.

→ 표지만 보고 책을 판단하지 마라. 내용을 보고 책을 판단하라는 말로 외면보다 내면이 더 중요하니 속을 잘 들여다봐야 한다는 뜻.

The early bird catches the worm.

→ 일찍 일어나는 새가 벌레를 잡는다. 부지런해야 무엇이든 얻을 수 있다. 역으로 벌레는 일찍 일어나지 않는 것이 신상에 좋으니, 자신이 새인지 벌레인지를 미리미리 잘 판단해야 한다.

우리말에도 '믿는 도끼에 발등 찍힌다.' '사공이 많으면 배가 산으로 간다.' '누워서 침 뱉기.' '역사를 잊은 민족에게 미래는 없다.' '가는 말이 고와야 오는 말도 곱다.' '누구나 벗겨 놓고 보면 마찬가지다.' 등과 같은 해학과 교훈과 지혜가 담긴 속담과 격언이 우리말을 풍요롭게 해 주고 있는데, 이를 적소에 활용하면 말하기가 매끄러워지고 웃을 수 있는 여유도 생기고 화자의 품격도 올라간다.

'제발 책 좀 읽어라.'라고 직설적으로 말하는 것보다는 '하루라도 책을 읽지 않으면 입에 가시가 돋친다.'라는 안중근 의사의 말을 들려줌으로써 아이에게 바라는 바를 부드럽고 격조 높게 전달할 수 있고, 아이는 자신이 좋아하는 안 의사의 삶과 역사가 주는 감동까지 느낄 수 있어 일석이조다. 이러한 격언과 속담 등을 적절히 활용하면 달고 짜고 맵고 신 음식이 조화롭게 어우러지는 한정식처럼 맛깔 나는 말하기를 할 수 있다.

오랫동안 한자를 공유한 역사와 문화를 지니고 있는 우리말에는 고사성어나 사자성어가 많다. 방송 진행자로 활동할 때, 제작부장님이 '진행자는 사자성어를 많이 알아야 교양 있어 보인다.'라고 해서 '발분망식(일을 이루려고 끼니조차 잊고 노력함)'했던 기억이 생생하다. 그러다가 한글 사랑에 빠지면서 '주마가편'보다는 '달리는 말에 채찍질하기'처럼 누구나 쉽게 알 수 있는 우리말 사용으로 노선을 변경했지만, '청출어람, 새옹지마, 관포지교, 타산지석'과 같은 말들을 아주 폐기할 이유는 없다. 소통에 문제가 없다면 과용·남용하지 않는 범위에서 맵시 있게 구사하는 '말하기'도 괜찮다.

　　일본어에도 사자성어가 많다. 온라인 일본어 공부 모임에서 만난 캐나다인 드미트리는 자신이 가장 좋아하는 일본어는 '一期一会(이치고이치에)'라고 말한다. '생애 단 한 번의 만남'이란 뜻으로, 두 번 다시 오지 않을 만남이나 순간이니 소중히 여겨 최선을 다하라는 의미다. 한국인이 자주 쓰는 표현은 아니나, 법정 스님의 저술 『일기일회(一期一會)』 역시 같은 말이다. '일기일회'를 통해 하늘과 바다와 국경을 넘는 말의 큰 힘과 울림을 느낀다.

짧고 간결하게 말하기

외국어 학습자는 긴 문장을 구사할 수 있는 높은 수준의 실력을 쌓기 위해 노력한다. 하지만 우리말이라면 얘기는 달라진다. 긴 문장을 구사하는 것이 언변이나 문장력의 좋고 나쁨을 재는 잣대도 아닌데다가 이미 긴 우리말 문장을 구사할 수 있는 능력을 지니고 있다(?). 따라서 굳이 긴 문장을 쓰겠다는 생각을 할 이유도 없고 구사할 필요도 없다. 문장이 길어지면 오히려 주술 관계가 어긋나기 쉽고, 마침표 없이 끊어질 듯 이어지는 만연체는 청중의 하품을 유발한다. 정확한 소통을 위해서는 짧고 간결하게 말하는 것이 좋다.

> 문장은 간단명료하게 작성하라. (배상복, 『문장기술』)
> 짧은 문장은 언제나 좋다. (정희모, 『문장의 비결』)

위는 좋은 '글쓰기'를 위한 조언이지만, 말도 마찬가지다. '말은 간단명료하게 하라.', '짧은 말은 언제나 좋다.' 문장을 짧게 의미를 분명하게 드러나도록 말하는 것이 왜 얼마나 중요한지를 실감케 한 예문이 최근 언론에 공개됐다. 다름 아닌 미국 국빈 방문을 앞두고 2023년 4월 24일

'워싱턴 포스트'와 인터뷰를 하면서 한일 관계에 대해 언급한 대통령의 발언이다.

정말 100년 전의 일들을 가지고 지금 유럽에서는 전쟁을 몇 번씩 겪고 그 참혹한 전쟁을 겪어도 미래를 위해서 전쟁 당사국들이 협력하고 하는데 100년 전에 일을 가지고 무조건 안 된다, 무조건 무릎 꿇어라라고 하는 이거는 저는 받아들일 수 없습니다.

문제가 된 발언은 딱 3줄인데 마침표는 하나밖에 없지만 주어가 여러 개 들어간 복문이다. 우선 앞부분의 주어가 '유럽'인지 '유럽의 전쟁 당사국들'인지가 모호한데, '정말 100년 전의 일들을 가지고'를 삭제하면 주어는 '유럽'과 '전쟁 당사국들'이 될 것 같다. 그러니까 '유럽은 참혹한 전쟁을 수차례 겪었지만', 그럼에도 '전쟁 당사국들이 미래를 위해 협력하고 있다.'는 얘기로 이해할 수 있다.

뒷부분의 주어는 '저'이므로 '100년 전의 일을 가지고 무조건 무릎을 꿇으라고 하는 것을 저는 받아들일 수 없습니다.'라는 말일 것이다. 그러고 보면 뒤에 들어간 '무조건 안 된다.'라는 말은 무엇이 안 된다는 것인지를 짐작할 수 있을 것 같으면서도 아리송하고 모호한 표현이어서 없는 게 낫지 않았을까 하는 생각이 든다. 짧고 간결하게 줄이면 이런 말 아닐까?

유럽에서는 참혹한 전쟁을 수차례 겪었지만, 전쟁 당사국들이 미래를 위해 협력하고 있는데, 100년 전의 일을 가지고 (일본에게) 무조건 무릎을 꿇으라고 하는 것을 저는 받아들일 수 없습니다.

'100년 전의 일들을 가지고'와 '무조건 안 된다'를 삭제하니 한결 간결해졌고, 괄호 안에 '일본에게'를 넣었더니 발언의 의미는 분명해졌다. 말은 글보다 자칫 흐트러지기 쉽다. 즉흥적인 발화 상황에서 누구나 문장이 꼬이는 경험을 할 수는 있지만, 대통령의 발언은 자신의 생각을 전하기 위해 이런저런 낱말을 동원하고 있으면서도 의미가 모호하고 비문법적이며 어수선하다. 고로 무슨 얘기를 하는지조차 파악하기 어렵다. 대통령은 '국어 교육이 필요 없다.'는 발언도 했지만, 한편으로는 국어 교육의 필요성을 몸소 보여주고 있다.

말 잘하는 법에 대해 쓰고 있지만 모든 사람이 말을 잘해야 하는 것은 아니다. 대통령도 마찬가지다. 대통령은 검사였다. 수사 전문가이자 법률 전문가였다. 정치인으로 변신해 대통령이 되었지만 하루아침에 정치 전문가나 국가 경영 전문가가 되기 어렵다. 대통령이 모든 분야의 전문가가 될 수도 없고 될 필요도 없다. 대한민국에는 경험 많은 정치인도 있고, 경제 전문가, 외교 전문가, 과학 전문가 등 우수한 인재가 수두룩하다. 전문가의 힘을 빌리면 되고 미래에 대한 전망을 갖고 리더십을 발휘하면 된다. 국어와 외교적 언사도 공부하면 정제된 언어와 안정감 있는 언어로 국민을 편안하게 하고 신뢰를 줄 수 있을 것이다.

말을 길게 하면 손해 볼 가능성이 크다. 결혼식 주례사는 길고 지루한 연설의 대명사였다. 주례사 도중 화장실을 가거나 급한 용무를 본다며 자리를 비우는 이가 많았다. '지금쯤 끝났겠지.'라고 생각하고 돌아왔는데, '신랑 신부는 서로 하늘같이 섬기며...' 하는 경우가 많았다. 신랑 신부가 귀가 어두운 것도 아닌데, '서로 아끼고 사랑하며 백년해로하기 바란다.'라는 얘기를 30분씩 할 이유는 없다. 수년 전부터 짧은 것이 대세여서 길어도 15분을 넘기지 않는 주례사가 부쩍 늘었다. 짧고 간결할수록 박수와 환호를 받는다.

쉽게 말하기

2022년 대선에서 윤석열 후보가 당선되었다. 정치 초년생이자 행정 경험도 전무한 그가 일약 대통령에 당선된 데는 부동산 문제를 중심으로 한 정권 심판론, 후보 자신의 참신함, 보수 진영의 묻지 마 지지 등 여러 가지 이유가 있었겠지만, 그중 하나는 그의 '말하기'다. 앞서 언급한 대로 대통령의 국어는 많은 문제를 안고 있지만, 반면 복잡하거나 현란하지 않아 알아듣기 쉬운 것은 장점이다. 2022년 2월 3일 열린 티브이 토론에서 이재명 후보는 윤석열 후보에게 'RE100에 대해서 어떻게 대응할 것이냐?'라고 질문했다.

윤: 네? 다시 한번 말씀해 주실래요?

이: 알이백(RE100)

윤: 알이백이 뭐죠?

이: 그러니까 이게 재생 에너지 100%

윤: 아, 재생 에너지 100%, 그게 저는 현실적으로 가능하지 않다고 생각합니다.

이: 가능하지 않다고 생각하시지만 전 세계의 유수한 글로벌 기업들이 이미 알이백을 채택해서 재생 에너지 100%로 생산하지 않는 부품을 공급받지 않겠다고,

토론이 끝난 후 단연 화제가 된 것은 '알이백'이었고, 후보가 그것도 모르냐, 모를 수도 있다 등등 다양한 반응이 쏟아졌다. 'RE100'은 재생 에너지 100%라는 의미로 'Renewable Energy 100%'의 약자다. 대통령 후보라면 이 정도는 알아야 한다고 강조함과 동시에 자신은 잘 알고 있다는 것을 과시하면서 상대를 공격한 것이지만, '알이백'이라는 생소한 용어를 꺼내 든 것은 좋은 전략은 아니었다. '알아야 한다.'에 공감하기보다는 '나도 모르는데.'가 우세했다. '알이100' 대신 '재생 에너지 100% 사용'에 대해 어떻게 생각하느냐고 질문했다면 반응은 사뭇 달랐을 것이다.

이재명 후보는 법조인으로서 정치인으로서 행정가로서 오랫동안 단련된 말씨를 구사한다. 조리정연하고 논리적이며 정제된 말씨로 다양한 화제를 자유롭게 넘나들며 지도자로서 준비돼 있다는 것을 드러내 보여준다. 그렇지만 토론회에서 찬찬히 논의하고 심사숙고해야 할 것 같은 주제를 거리 연설에서 한 것은 얼마나 호소력이 있었을까? 특별히 어려운 말을 사용하는 것은 아니지만 길을 가다 발걸음을 멈춘 시민들에게는 왠지 어렵고 딱딱하지 않았을까?

반면 대구에서 첫 번째 거리 유세에 나섰던 윤 후보는 '이 망가진 대한민국, 망가진 대구를 그야말로 단디 해야 하는 선거입니다. 여러분, 대구의 부활을 반드시 끌어내겠습니다.'라고 말했다. 어려운 말 한마디 없고, '망가진'이라는 자극적인 표현으로 공감을 이끌어 내며 지역 정서에 호소하는 '단디'라는 낱말을 집어넣었다. 시민들은 권위적이지 않고, 아저씨 같은 모습이 좋았다고 했다. 말은 입이 아닌 몸으로도 하는데, 느닷없이 선보인 '어퍼컷 세리머니'의 폭발력도 대단했다.

병원에서는 어려운 의학 용어를 많이 쓴다. 과거 처방전에는 의사와 간호사, 약사만이 알 수 있는 꼬부랑글씨가 적혀 있었다. 대중이 넘볼 수 없는 전문 영역의 언어였고 전문가라는 신분의 상징이자 과시였고 신분과 기득권 수호의 수단이었다. 그러나 세상은 바뀌어 의사와 환자 간 언어 장벽 없는 소통을 중시하게 되었고, 요즘 처방전에는 '코미시럽 투약 횟수 1일 3회'처럼 누구나 무슨 약인지를 알 수 있게 표기하고 있다.

의학 분야 종사자끼리는 전문용어를 사용하더라도 환자와 대화할 때는 쉬운 말로 설명하는 게 좋다. 60대 초반 환자가 눈이 불편해 병원을 찾았는데 검사 결과 백내장이었다. 백내장은 사물이 안개가 낀 것처럼 흐려 보이는 증상인데, 일상생활에 지장을 줄 정도로 진행돼 있어서 의사는 수술을 권했다.

환: 어떤 수술인가요?
의: 눈의 검은자나 흰자에 작은 구멍을 만든 후, 그곳에 초음파 기구를 삽입하여 백내장이 생긴 수정체를 흡인해 제거한 다음, 그 자리에 수정체와 유사하게 생긴 영구적인 인공 수정체를 삽입하는 것입니다.
환: 띵!

이렇게 설명하는 것이 맞고 어렵지 않게 이해하는 환자도 있을 것이다. 하지만 좀 더 쉽고 친절한 언어로 설명하는 것도 가능하다. '그러니까 카메라 렌즈에 흠집이 났는데, 그 렌즈를 새 것으로 교체하는 것과 같은 수술이라고 생각하시면 됩니다.' (의사신문, 환자의 눈높이에 맞춰 쉽고 간결하게 설명해야, 2011. 3. 30.)

같은 분야 종사자끼리는 전문용어를 사용하는 것이 자연스럽고 소통에도 아무런 문제가 없을 것이다. 하지만 그 분야를 잘 모르는 사람과 대화할 때는 쉽게 말하는 것이 좋다. 내용이 어려우면 어려울수록 말을 쉽게 하는 것이 좋다. 혼잣말을 할 거면 뭔 말을 하든 맘대로 지껄여도 상관없지만, 대화와 소통이 목적이라면 자신의 눈높이가 아닌 상대의 눈높이에 맞추는 것이 좋다.

만약 당신이 쉽게 설명할 수 없다면, 당신도 잘 모르는 것이다.
If you can't explain it simply, you don't understand it well enough.
– 앨버트 아인슈타인 Albert Einstein

많이 읽고 보고 말하기

훈민정음이 세상에 나오기 이전 독서의 즐거움은 지식인들의 전유물이자 특권이었다. 반상의 구분이 뚜렷했던 시대에 지식인은 문자를 소유함으로써 학문은 물론 권력과 부 등 모든 것을 독점했다. 강고한 신분제의 굴레 속에서 상민은 글을 배우기 어려워 읽고 쓰지도 못했고 지식과 권력에 접근할 수 없었다.

그러나 백성을 위해 만들어진 새 문자 훈민정음은 성리학적 질서에 균열을 내며 서서히 세상을 바꾸었다. 백성들도 글을 배우고 쓸 수 있게 되었고, 지배계층의 전유물이었던 지식과 정보에도 접근할 수 있게 되었다. 훈민정음을 사용해 말할 자유를 얻었을 뿐만 아니라 원하기만 하면 마음껏 책을 읽을 수 있는 '독서의 즐거움' 또한 누릴 수 있게 되었다.

1997년 국문 필사본이 발견된 채수의 『설공찬전』은 본디 1511년 무렵 나온 한문 소설이지만, 누군가에 의해 언문으로 번역되었다. 만일 『설공찬전』을 처음부터 언문으로 썼다면 우리나라 최초 한글 소설이 되었을 것이다. 한문 소설을 언문으로 번역한 것은 언문을 아는 독자를 위한 것이고, 한문은 읽을 수 없지만 언문을 아는 독자들이 있었다는 것이다. 훈민정음이 반포되고 불과 70년쯤 후에 벌어진 일이다.

어렸을 때『홍길동전』,『춘향전』,『심청전』,『장화홍련전』등을 비롯해 세계소년소녀문학전집을 열심히(?) 읽었고, 코난 도일의『셜록 홈즈의 모험』과 아가사 크리스티의『오리엔트 특급살인』을 읽으며 추리소설에 푹 빠졌었다. 독서광은 아니었지만 그래도 명함을 내밀 정도는 읽었다. 독서력을 과시하려는 게 아니다. 말하기를 잘하고 싶다면 독서는 필수다. 책 속에서 펼쳐지는 성대한 말의 향연 속에서 넓고 깊은 우리말의 바다를 만날 수 있다. 독서 삼매경에 빠져 책장을 넘기다 보면 반짝이는 진주를 캐듯 자신의 언어 또한 만들 수 있다.

흔히 미디어 세상이라고 한다. 인터넷만 있으면 전 세계가 만드는 온갖 창작물을 감상할 수 있다. 그 중에는 말하기 전문가들의 영상도 있고, '세바시'처럼 사회 각 분야 인사의 '말하기'를 감상할 수 있는 영상도 있다. '세바시'에 나온 사람들이 모두 달변가는 아니다. 하지만 저마다 개성 있는 말솜씨로 일과 삶, 사랑과 우정, 슬픔과 기쁨, 행과 불행, 과거와 현재와 미래를 말한다. 보고 즐기며 관찰하고 분석하라. 본받고 싶은 연사가 있으면 흉내를 내도 좋고 모방을 해도 좋다. 모방은 창조의 어머니다.

아이디어를 곁들여 말하기

서울올림픽이 열린 1988년 무렵 비로소 쥐구멍에 볕이 들었다. 이문세 형이 진행하던 '별이 빛나는 밤에'에서 '별밤극장'을 맡아 대본도 쓰고 연기도 했고, '젊음은 가득히'라는 고등학교 탐방 프로그램에도 출연해 전국을 누비며 풋풋한 청소년들과 호흡을 맞췄으며, 개그 프로그램 '청춘만만세'에서 개그맨 김은태와 함께 한 '구르몽과 시몬'이란 콩트가 인기를 끌면서 서서히 무명의 터널을 벗어나고 있었다.

결정적 기회가 온 것은 1989년 가을이었다. 새롭게 선보이는 공개 개그 프로그램 '청춘행진곡'의 진행자로 전격 발탁되었다. 진행자라고 해도 일반적인 진행이 아니고, 시작할 때와 중간, 마지막에 한 번 등장해 프로그램을 열고 닫는 다리 역할을 하는 정도였다. 개그맨도 코미디언과 같지만, 코미디언이 연기 쪽인데 반해 개그맨은 영어에도 'standing comedy(스탠딩 코미디: 서서 하는 코미디)'라는 말이 있는 것처럼 무대 위에 서서 입담으로 연기하는 쪽이었다. 다시 말해 3번 혼자 무대 위에 올라가 재담으로 웃겨야 했다.

첫 녹화를 앞두고 어떤 얘기를 해야 좋을지 어떻게 웃겨야 할지 엄청 고민했다. '이 얘기가 재미있을까, 이 얘기를 하면 웃을까? 아니야, 아무래도 좀 약한 것 같지. 아주 센 거로 해야 하지 않을까?' 밤낮으로 머리를 쥐어짜며 오만 가지 소재를 다 생각했다. 이런저런 얘기를 준비했지만 결정을 짓지 못하고 시간을 보내다가 친구에게 의견을 물었다.

> 재환: 내가 지난번에 종로에서 공연 사회를 봤는데, 사람들이 내 얼굴을 잘 모르잖아. 바람잡이인 척 나가서 인사하면서 '오늘 공연 사회자는 아주 멋지고 키도 크고 유머 감각이 넘치는 분이니, 많이 기대해 주시고요, 공연 시작하면 큰 박수로 격려해 주시기 바랍니다.'라고 하고는 정식으로 막이 오르고 다시 등장해서 '안녕하세요? 오늘 공연의 진행을 맡은 정재환입니다.'라고 했더니, 다들 웃고 반응이 좋았는데, 이건 어떨까?
>
> 경규: 그거 괜찮네! 고민하지 말고 그거 해라.

믿음직한 친구의 조언에 용기를 얻어 종로 공연장에서 했던 그대로 시치미 뚝 떼고 바람을 잡은 다음, 시작을 알리는 음악과 함께 다시 뛰어 나갔다. '안녕하세요? 청춘행진곡 진행을 맡은 정재환입니다.' 결과는 어땠을까? '어, 아까 바람 잡으러 나왔던 그 오빠잖아?' 기가 막혀 웃었을까, 어처구니가 없어 웃었을까? 객석에서 까르르 웃음이 터지는 소리와 함께 여학생들의 환성이 공개홀을 가득 채우면서, 몇 날 며칠을 가슴 졸였던 데뷔 무대는 기대 이상으로 대성공이었다.

만일 복선을 깔지 않고 그냥 나가서 '청춘행진곡 진행을 맡게 된 정재환입니다.'라고 했으면 밋밋했을 거고 재미도 감흥도 없었을 거다. 아이디어는 윤활유 역할도 하고 그 자체가 엔진이 되기도 한다. 노래가 히

트하면 가수는 1년 내내 똑같은 노래를 반복하지만, 개그맨은 지난주에 한 개그를 이번 주에 다시 할 수 없다. 늘 새로운 소재와 아이디어를 찾아야 한다. 때로는 크게 힘들이지 않고 영감이 떠오르고 아이디어가 샘물처럼 솟아나기도 하지만 온몸을 빨래 짜듯 쥐어짜도 기름 한 방울 나오지 않을 때가 있다.

1990년대 초반 서울방송 '코미디 전망대'에 출연할 때 창준 형과 함께 '영상대담'을 했다. 아이디어가 술술 풀릴 때는 1~2시간 정도면 대본이 나왔지만 꼬일 때도 있었다. 어느 날 아이디어 회의를 하다가 생각이 꽉 막혀 말없이 앉아 있었는데, 당시 피디였던 윤인섭 부장님이 한마디 했다. '쟤들 말 한 마디 안 하고 3시간째 얼굴만 보고 앉아 있다!' 그랬다. 머리에 쥐가 나지 않은 것이 이상할 정도였지만 꼿꼿한 허리와 튼튼한 엉덩이, 절대 포기하지 않는 근성 덕분에 대본을 완성할 수 있었고, 창준이 형 콧마루가 오뚝하다는 것도 알게 되었다. 참신하고 기발한 아이디어를 찾는 게 쉬운 일은 아니지만, 웃기는 게 목적이 아닌 '말하기'에도 산뜻한 아이디어를 양념처럼 곁들이면 좋다.

농담을 곁들여 말하기

사람을 웃기는 게 직업이었다. 실패할 때도 있었지만 웃길 때도 있었다. 유명해진 다음에는 일도 많아졌다. 문화방송 라디오에서 '깊은 밤 짧은 얘기'를 맡아 디제이로도 데뷔했고, 서울방송에서 '지구촌 퀴즈' '쇼 서울서울' 한국방송공사에서 '퍼즐특급열차'도 진행했다. 20~30대를 그렇게 뜨겁게 살았다. 한마디로 잘 나갔다.

하지만 고민도 생겼다. 2~3시간씩 마이크 앞에 서면서 국어가 부족함을 느꼈다. '아나운서는 아니지만, 진행자로서 우리말을 알고 정확하게 써야겠다. 말로 먹고 사는 사람으로서 최소한 밥값은 해야 하지 않나!' 그날 이후 방송국 안에 있는 서점에 가서 국어 관련 책을 닥치는 대로 사다 읽었다.

그렇군. 외팔이는 팔이 한쪽이 없는 사람이니까, 반팔은 팔이 반밖에 없는 거네. 반팔을 입었다는 건 정말 이상한 말이군. 반이 없는 건 소매니까, 반소매가 맞네. 다쿠앙하고 와리바시가 일본말인줄은 알았지만, 뗑깡도 후카시도 다 일본말이네. 사석에서도 그렇지만 방송할 때는 진짜 조심해야지.

지금도 사정은 비슷하지만 그때는 방송에서 일본말은 금기어였다. 그래서 늘 조심했는데, 어느 날 '정재환쇼' 2시간 방송 잘 하고, '청취자 여러분 오늘도 함께 해 주셔서 정말 고맙습니다. 저물어가는 하루 단도리 잘 하시고 편안한 밤 보내시기 바랍니다.'라고 했다가 피디에게 '단도리(だんどり: 채비, 단속)'는 일본말이라는 지적을 받았다. '아, 윗도리, 아랫도리, 목도리, 치맛도리, 도리도리 다 우리말인데, 단도리는 왜 일본말인 거지?'

한 치 앞을 내다볼 수 없는 게 인생이라는 말도 있지만, 좋은 방송 진행자로 오래도록 일하고 싶었지만, 운명의 수레바퀴가 어디로 구를지 예측하지 못했다. 연예인으로 탄탄대로를 달리고 있었는데, 최현배의 『우리말 존중의 근본뜻』, 이오덕의 『우리글 바로쓰기』, 이익섭의 『국어 사랑은 나라사랑』, 박갑수의 『우리말 바로 써야 한다』, 김상준의 『방송언어연구』 같은 책을 읽다가 한글 사랑에 빠진 것은 숙명이었을까.

1990년대 후반 영어를 공용어로 하자는 주장이 나왔을 때, 우리말글을 지키는 운동이 필요하다는 생각으로 한림대 김영명 교수와 함께 '한글문화연대'를 만들어 한글 운동에 뛰어들었고, 성균관대학교 사학과에 들어가 한글 역사를 공부했다. 그 사이에 자의 반 타의 반 방송에서 멀어졌고 사는 것도 생각도 말도 많이 달라졌겠지만, 지금도 마이크를 잡으면 되도록 가벼운 농담으로 말문을 연다.

반갑습니다. 정재환입니다. 제 얼굴을 기억하시나요?

방송에서 멀어진 지 꽤 오래됐는데도 청중석에서 많은 분들이 손을 들거나 '네'라고 답하며 반겨 주신다.

> 고맙습니다. 제 얼굴을 기억하시는 분들은 나이가 좀 되신 분들이죠! 하하하

딱히 유머랄 것도 없지만, 청중석에서 웃음이 터진다. 손을 든 분도 웃고 들지 않은 분도 웃는다. 『티브이 가이드』 표지 모델을 장식했던 사진을 보여드리며 '혹시 이 잡지 기억하세요?' 방금 전 일을 잊으셨는지 몇 분이 손을 들며 다시 '네'라고 대답한다. '야, 이거까지 기억하시면 정말 오래되신 거예요. 하하하.' 그래도 불쾌해 하는 분을 아직까지는 보지 못했다. 올해 3월 제주대학교 최고지도자과정에 강의를 하러 갔을 때는 이렇게 입을 뗐다.

> 반갑습니다. 정재환입니다. 혼자서 왔습니다. 오늘도 제주공항이 무척 붐비던데요, 저는 도저히 이해할 수가 없습니다. 제주도에서 그렇게 '혼자 오라(혼저옵서예)'고 신신당부를 하는데, 가족들 전부 같이 오고, 심지어는 30~40명씩 단체로도 옵니다. 왜 그렇게들 말을 안 듣는지, 정말 이상한 사람들 아닙니까? 저는 혼자 왔습니다. 하하하.

강의 주제는 주로 한글 역사나 한글 운동 등 유쾌·상쾌·통쾌·명랑한 얘기와는 조금 거리가 멀어서, 되도록 기회를 만들어 가벼운 농담을 던지거나 우스갯소리를 섞는다. 물론 웃기려고 억지를 쓰지는 않지만,

적재적소의 묘를 살려 농담이란 이름의 소금을 살살 뿌리면 분위기는 한층 부드러워진다.

> 식당이나 카페에 '물은 셀프'라고 쓰여 있지요? '셀프' 쓴다고 품격이 확 올라가는 것도 아닌데, 굳이 영어를 쓸 필요가 있나요? 오죽하면 아이들이 물이 영어로 'self'인 줄 안다는 농담까지 나왔을까요? 우리말로 '물은 스스로'라고 하면 좋지 않을까요? 그런데 혹시 군만두는 영어로 뭔지 아세요?

군만두는 영어로 뭘까? 중학교와 고등학교만 해도 6년은 영어 공부하느라 고생깨나 했는데, 너무 어려운 것하고만 씨름하느라 놓쳤는지 의외로 답이 나오지 않는다. 당황한 표정이 역력한 분도 보이고 주위를 두리번두리번 둘러보는 분도 있고 급히 스마트폰을 집어 드는 분도 있다.

> 영어 공부 그렇게 열심히 하시면서 군만두를 모르시네요. 군만두는 '서비스'입니다.

간혹 허탈해 하는 분도 있지만, 또 한 번 웃고 나면 한결 분위기가 말랑말랑해지면서 힘들이지 않고 다음 고개를 넘는다. 수년 전 경기도청 아침 특강에 초대되었다. 도청 공무원 300명⁽?⁾을 대상으로 한글에 대한 이야기를 시작했다. 아침이어서 그랬는지 나도 다소 긴장했지만, 그날 따라 공무원들 얼굴이 몹시 진지해 보였다. 공무원들은 원래 진지하다! 진지하다못해 심각하다! 그래서 더더욱 분위기를 풀어야 하는데 어쩌지 하다가, "도지사님께서 오늘 정재환이가 와서 무슨 말을 하든 절대 웃지 말라고 지시를 하셨나 보지요?"라고 하자 그제야 웃음이 터졌다. 이후 강의가 술술 풀린 것은 전적으로 ○○○ 도지사님 덕분이었다.

유머는 웃음을 줄 뿐만 아니라 마음의 문을 여는 힘이 있으며 사람을 사로잡는 마력이 있다. 윈스턴 처칠이 하원의원에 출마했을 때 상대가 "처칠은 늦잠꾸러기입니다. 저렇게 게으른 사람을 의회에 보낼 수 없습니다."라고 공격하자 "여러분도 저처럼 예쁜 마누라를 데리고 산다면 아침에 결코 일찍 일어날 수 없을 것입니다."라고 응수했다. 처칠은 평생 유머 감각을 잃지 않았는데, 연회장에서 어떤 여성이 남대문이 열렸다는 걸 알려주었을 때는 이렇게 말했다. "괜찮습니다. 어차피 죽은 새는 새장 밖으로 날아갈 수 없거든요."

연습하고 말하기

연습은 완벽을 만든다.(Practice makes perfect.) 좋아하는 영어 속담 중 하나다. 연습을 하면 할수록 좋아진다. 개그맨으로 활동할 때에는 카메라가 돌기 전까지 수도 없이 연습을 반복해 10분짜리 콩트를 토씨 하나 틀리지 않고 연기했다. 연습을 충분히 하면 마음도 안정되고 자신감도 생긴다. 별다른 준비나 연습 없이 말을 잘하는 특별한 사람도 있지만, 말재주가 없는 보통 사람이라면 차이를 극복하고 경쟁할 수 있는 가장 좋은 방법은 연습이다.

요즘은 강의하러 가는 길에 운전을 하면서 중얼중얼 연습한다. 1시간 반에서 2시간에 이르는 강의여서 한 호흡에 하기 힘들지만, 토막토막 연습하며 내용도 정리하고 말도 가다듬고 빠트려서는 안 될 중요한 이야기를 머릿속에 꼭꼭 챙겨 넣는다. 그럼에도 막상 청중 앞에 서면 말이 매끄럽게 나오지 않을 때가 있다. '이상하게 말이 잘 안 나오네!' '이상하다'는 말밖에 달리 설명할 말이 없다. 여하간 '진인사 대천명'이다. 결과는 하늘에 달린 것이니 사람은 최선을 다하면 된다.

강의를 마치고 돌아오는 길에는 좋았던 부분, 그렇지 않았던 부분 등을 돌이켜 생각해 본다. 환하게 웃으면서 인사를 했어야 했는데, 좀 긴장했었나? 너무 앞쪽에 앉아 있는 분들만 보고 얘기한 것 같지? 아, 훈민정음은 문자 이름이자 문자 훈민정음의 완벽한 해설서인 책 이름이라는 것을 왜 얘기하지 않았을까? 유네스코 세계기록유산은 '한글'이 아니고 책 '훈민정음'이라는 얘기를 왜 빠뜨렸을까? 이극로 선생에 대해서는 너무 길게 얘기했나? 다음에는 좀 짧게!

말하기를 연습할 때는 발음, 목소리의 크기, 속도, 감정 등을 확인해야 한다. 발음은 정확하고 또렷해야 한다. 우리말의 표준 발음을 알아야하고, 또렷하게 전달되도록 소리 내야 하는데, 독서할 때 낭독하는 것도 좋고 녹음을 해서 들어 보는 것도 좋다. 방송 활동을 막 시작했을 때, 대사를 정확하게 발음하기 위해 입에 볼펜을 물고 연습했는데, 돌이켜 생각하면 손때가 덕지덕지 묻은 볼펜을 그대로 입에 문 셈이니 위생 관념은 빵점이었다. 뭔가 물고 연습하고 싶다면 볼펜 말고 깨끗한 도구를 찾아 사용할 것을 권한다.

목소리의 크기도 중요하다. 한글 운동을 하면서 한 일간지의 교열부 부장님과 여러 차례 만났는데, 목소리가 너무 작아 듣기도 대화를 이어가기도 몹시 힘들었다. 귀를 쫑긋 세워도 웅얼웅얼하는 소리만 들렸다. 뭔가 중요한 얘기였겠지만 들리지 않아 심장은 흔들리지 않았다. 말을 할 때는 자신의 목소리가 대화 상대나 청중에게 잘 전달될 수 있도록 크기를 조절해야 한다. 듣는 사람이 보청기를 찾거나 듣기를 포기할 만큼 목소리가 작아서도 안 되고, 반대로 이마를 맞대고 대화하면서 귀청이 떨어져 나갈 정도로 악을 쓸 필요도 없다.

속도를 조절해야 한다. 말이 너무 빨라도 너무 느려도 좋지 않다. 청자가 편안하게 들을 수 있는 속도는 뉴스 아나운서가 말하는 속도다. 다만, 뉴스 아나운서는 대개 시종일관 일정한 속도로 말한다. 뉴스를 하는 게 아니라면 완급 조절이 필요하다. 마치 음악을 연주하듯 아다지시모(매우 느리게), 안단테(느리게), 모데라토(보통 빠르기로), 알레그레토(조금 빠르게), 비바체(매우 빠르게), 프레스티시모(엄청나게 빠르게) 등의 속도를 말하는 내용에 맞게 구사하면 눈꺼풀이 천근만근인 청중도 깨어 있게 할 수 있다.

감정 연습도 필요하다. 청중이 눈물을 펑펑 쏟도록 최루탄을 터트릴 필요는 없지만, 배우가 아니어도 어느 정도 감정을 실어서 말하는 것이 좋다. 내용에 따라서는 담담하게 말하는 것이 효과적일 수도 있고, 목소리를 올리거나 내리면서 감정의 농도를 조절할 필요도 있으며 때로는 극적으로 목소리를 높여야 할 필요도 있다. 말하고자 하는 내용에 알맞은 말투와 표정과 이글이글 타오르는 눈빛으로 말하면 듣는 사람의 눈과 귀를 사로잡을 수 있고 전달력과 호소력을 극대화 시킬 수 있다.

배려하며 말하기

한국인은 궁금증이 많다. 어디에 살까? 무슨 일을 하는 사람일까? 결혼을 했을까? 나이는 몇일까? 첫 대면이라면 예의도 차려야 하고 말도 조심스럽게 해야 하지만, 너무 궁금해서 참을 수가 없다.

몇 학번이세요?

2015년 경제협력개발기구(OECD)의 발표에 따르면, 대한민국은 대학 진학률 68%로 세계 1위지만 그렇다고 해서 국민 모두 대학에 가는 것은 아니다. 대뜸 몇 학번이냐는 질문을 받으면 당황스럽다. 대학에 가지 않은 것이 부끄러운 일은 아닌데 곤욕스러움마저 느낄 수도 있다. 그 어느 때보다 타인에 대한 배려가 강조되는 사회에서 이런 질문은 피해야 한다.

온라인에서 만난 외국인들은 첫 대면 시 대개 이름, 나라, 사는 곳, 직업, 취미 등에 대해 가볍게 얘기한다. 대학을 다녔느냐는 질문은 거의 하지 않는다. 자연스럽게 학교에 관한 얘기가 나오면 그제야 전공을 묻곤 한다. 무엇을 공부했는지, 어떤 학문인지는 물어도 출신 대학을 묻지는 않는다. 한국인은 다르다.

어느 대학 나왔어요?

미국에서는 하버드, 예일, 펜실베이니아, 프린스턴, 컬럼비아, 브라운, 다트머스, 코넬 등 이른바 명문 대학을 아이비리그(Ivy League)라고 부른다. 일본에서는 도쿄대학, 교토대학, 와세다대학, 게이오대학, 도호쿠대학, 오사카대학 등을 명문으로 꼽지만, 상대가 ○○ 출신이라고 밝히기 전에는 먼저 묻지 않는다. 한국인은 주저 없이 묻고 명문과 비명문을 나누며 자신의 분류 체계 어딘가에 상대를 쑤셔 넣곤 하는데, 서로 잘 알지 못하는 단계에서 출신 대학을 묻는 것도 불편할 수 있다.

한국인은 결혼을 했는지 직장에 다니는지도 스스럼없이 묻는다. 아름다운 여성이나 멋진 남성이 결혼을 하지 않았다면 도전해 보고 싶은 생각이 들 수 있지만, 서로 잘 모르는 단계에서 성급히 묻는 것은 삼가야 한다. 자연스럽게 알게 될 때까지 기다려야 한다. 물론 그 사이에 새치기를 당할 수도 있다. '어느 회사를 다니느냐?'라는 질문도 신중해야 한다. 일하는 곳을 밝히고 싶어 하지 않는 사람도 있고 국가정보원 같은 특수 기관에 근무한다면 밝힐 수 없을 수도 있다.

어디 사는지 어떤 집에 사는지도 예민한 주제인데 한국인은 쉽게 묻는다. '어디 사세요?' '○○ 산다.'라고 답하면 일단 부자로 분류하고, ○○동이라고 하면 가난한 '달동네'에 사는 걸로 간주한다. 아파트인지 빌라인지 주택인지를 궁금해 하고 크기에도 신경을 쓴다. '아파트 몇 평에 사세요?' 20평대라고 하면 '좁아서 불편할 텐데 얼른 넓은 데로 이사하셔야겠네요?'라며 친절하게 이사 계획까지 세워 준다.

'몇 살이에요?' 한국인은 나이를 묻는다. 33살이라고 하면 대뜸 '나보다 4살 어리네. 동생이네.'라며 말을 놓기도 한다. 한국인은 예의 바르고 정이 많다는 평가를 받고 있지만, 이제 연공서열에 따른 관계 맺기는 지양해야 한다. '궁금하잖아요. 그리고 상대를 알아야 관계를 맺든 말든 하죠!'라고 말할 수 있지만, 영미인과 일본인은 처음부터 다 알려고 하지 않는다. 서두르지 않고 한 걸음씩 차근차근 진도를 나간다. 그들이 하는데 우리가 못할 리 없다.

뿌리 깊은 전통과 문화, 뼛속 깊이 스며든 언어 습관이라 해도 바꿔야 할 것은 바꿔야 한다. 21세기가 정의하는 일반 상식에 맞지 않고 세계 표준에 맞지 않는 것도 이유일 수 있지만, 중요한 것은 상대에 대한 배려다. 어떤 말을 했을 때, 혹시 불편해 하지는 않을까, 상처를 받지는 않을까를 먼저 생각해야 한다. '그 사람, 얼굴이 범죄형이지!'라고 말하기보다는 '인상이 좀 강하지!'라고 하는 게 제3자도 듣기 편하다. 여러모로 21세기 언어 감수성은 20세기와 확연히 다르고 차이가 난다.

20세기까지만 해도 '꿀 먹은 벙어리' '벙어리 냉가슴 앓듯' '장님 코끼리 만지기' '장님 문고리 잡기' '벙어리 삼 년 귀머거리 삼 년' 같은 속담을 예사롭게 썼지만, 지금 이런 속담은 '차별어'가 되었다. 차별어는 누군가가 싫어하는 표현이고 누군가를 의도적으로 폄하하거나 부정하거나 공격하려는 의도를 품은 말이며 사회적 약자를 무시하거나 경멸하는 언어여서 사용을 금하고 있다. 커피를 마실지 차를 마실지 고민하면서 '결정 장애'가 있다는 말도 하는데, 이 또한 삼가야 한다.

여의사·여기자·여류작가·집사람 등은 성차별, 오랑캐·쪽발이·코쟁이·짱깨·똥남아 등은 인종차별, 잡역부·노가다·배달통 등은 직업 차별, 벙어리·난쟁이 등은 장애 차별, 개독교·땡중·개이슬람 등은 종교 차별, 멍청도·감자바위·라도·깽깽이 등은 지역 차별이 담긴 말이다. '여기자를 여기자라고 하지 뭐라고 하느냐?'라고 항의하는 사람도 있지만, '남기자'라는 말을 쓰지 않는 것을 보면 차별어임에 틀림없다.

오랫동안 '집사람'이라는 말을 썼다. 결혼 이후 쭉 함께 살아온 집사람을 버리기는 쉽지 않았다. 하지만 '집사람'이 남성은 집 밖에서 일하고 여성은 집 안에서 일한다는 전근대적 차별적 사고에서 비롯된 말이라는 진실을 안 지난해부터 집사람을 과감히 버리고 '아내'로 바꾸어 쓰고 있다. 1년 가까이 됐지만 아직 완성되지 않아 간혹 '집사람'이 튀어나오기도 하지만, 80% 정도 성공률을 보이고 있다. 언어는 습관이라 하루아침에 고치기 어렵지만 노력하기에 달렸다.

아내하고 입맛이 달라서 외식할 때 종종 의견이 갈린다. 모처럼 외식이니까 평소 집에서 먹지 않는 것을 먹는 게 어떠냐고 넌지시 의견을 묻지만, 집사람은, 아니 한식을 워낙 좋아하는 아내는 그럼 각자 찢어져서 따로따로 먹자고 한다. 식성이 다른 것을 인정해야 하지만 그래도 입맛 때문에 찢어지자니, 좀 심하지 않나?

무엇을 말할지 준비하기

어느 날 수원 뜰 커피 본사 이성일 대표가 찾아왔다. 다음날 신문 인터뷰를 하기로 약속했는데, 할 얘기도 많고 하고 싶은 얘기도 엄청 많지만, 무슨 얘기를 해야 할지, 그 얘기들을 어떻게 하는 게 좋을지 고민이라고 했다. '그러면 리허설을 좀 합시다!' 그가 가져온 뜰 커피를 마시며 마치 사전 인터뷰를 하듯 차근차근 얘기를 나누면서 줄거리를 잡았다.

정: 현재 가맹점은 몇 개인가?

이: 50개 정도다.

정: 잘 되는가?

이: 코로나 때문에 다소 어려움을 겪고 있지만 다들 잘 버티고 있다.

정: 뜰 커피의 인기 비결은 무엇인가?

이: 좋은 원두로 뽑은 맛있는 커피를 부담 없는 가격으로 제공하는 것이다.

정: 경영 철학이랄까, 어떤 마음으로 운영하고 있나?

이: 가맹점 점주의 이익과 고객 만족을 최우선으로 생각하고 있다. 우리는 가맹점비는 받지 않고, 커피 원두만은 지정한 업체에서 구입하도록 하고, 그 외 음료 재료는 본사에서 지정하는 제품을 점주들이 자유롭게 구매하도록 한다.

정: 그러면 돈 벌기 어렵지 않나?

이: 그동안 돈을 벌지는 못했지만, 가맹점 점주들이 좋아하고, 7년간 고객도 꾸준히 늘어 만족스럽다.

정: 앞으로 계획은 무엇인가?

이: 뜰을 시작할 때, 박사님이 문자로 보내 주신 홍보 문구 '수원에는 뜰이 있다'를 보는 순간, '아, 바로 이거다!' 하는 생각이 들었다. 그날 이후 '수원에는 뜰이 있다'를 곱씹으면서 정말로 수원을 대표하는 좋은 커피숍을 만들겠다는 다짐을 몇 번이고 거듭했다. 코로나하고 전쟁을 치르면서도 '수원에는 뜰이 있다'라고 적힌 간판을 올려다보면서 이 간판을 반드시 지켜야 한다는 생각으로 이를 악물었다. 그런 마음으로 줄곧 달려왔는데, 다행히 수원 시민들의 사랑을 받고 있다. 앞으로도 초심을 잃지 않고 더 좋은 원두, 더 맛있는 커피를 누구나 부담 없이 즐길 수 있는 가격으로 제공할 생각이다.

정: 돈 벌 생각은 없나?

이: 가맹점이 100개를 넘고, 수원 밖으로까지 진출하게 되면 돈도 조금은 벌 수 있을 거라 기대한다.

줄거리는 간략하지만 사실 많은 얘기를 나눴다. 원두 시장에서 좋은 원두를 확보하는 문제, 원두 볶는 업체 선정 문제, 커피 기구나 기계 선정 문제, 커피 추출 시간이나 온도 등을 맞추는 문제, 매장 및 직원 관리 문제 등등 일반인들이 이해하기 까다롭거나 굳이 몰라도 되는 얘기들도 있었지만, 리허설(?)을 하는 과정에서 과감히 걸렀다. '좋은 원두', '맛있는 커피', '부담 없는 가격', '가맹점 점주들의 안정적인 수입'이면 충분했다. 이 대표도 나와 사전 인터뷰⑺를 하는 과정에서 무엇을 말해야 할지 머릿속이 말끔히 정리됐다고 했다.

살다 보면 언론과 인터뷰를 하게 되는 경우도 있을 수 있고, 특정한 장소에서 마이크를 잡는 일도 생길 수 있다. 사전에 약속된 '말하기'라면 반드시 준비해야 한다. 무엇을 말할지 정해야 한다. 실전처럼 미리 리허설을 하는 것도 좋지만, 함께 할 상대가 없다면 혼자서라도 해야 하고, 그 과정에서 할 얘기와 버릴 얘기를 선별해야 한다. 많은 이야기를 하고 싶을 수 있지만, 정말 하고 싶은 이야기, 꼭 해야 하는 이야기, 호소력 있는 이야기를 골라야 한다.

더러는 약속하지 않았는데, 모임이나 행사에서 갑자기 어떤 얘기를 해 달라는 요청을 받기도 한다. 사양하기보다는 자신의 존재감을 높이는 기회로 삼는 것이 좋다. 그러나 예정에 없던 '말하기'에서 장광설을 늘어놓는 것은 좋지 않다. 준비 없는 '말하기'에서 자칫 잘못하면 얻는 것보다 잃는 것이 많을 수도 있으므로 되도록 담백하게 하는 게 좋다.

① 간단한 자기소개: 무슨 일을 하는 ○○○입니다.
② 모임에 어울리는 가벼운 이야기가 좋다.
→ 날씨: 맑으면 맑은 대로 좋다고 하고, 흐리거나 비가 온다면 그럼에도 많은 회원⑺들이 참석해 좋다고 하자.
→ 모임의 분위기: 화기애애하고 열정적이고 건설적이고 즐거워서 좋다고 하자.
③ 모임의 발전이나 회원들에 대한 가벼운 덕담으로 훈훈하게 마무

리하자.

마이크를 잡을 기회가 올지 안 올지 알 수 없지만 어딜 가든 준비해야 한다. 잔뜩 기다리고 있었는데 요청이 없더라도 섭섭해 하지 말고, 다음을 대비해 또 준비해야 한다. 다음에도 아무런 요청이 없을 수 있지만, 언젠가는 기회가 올 것이라 생각하고 또 준비해야 한다. 준비만 하다가 끝나는 한이 있더라도 늘 준비해야 한다.

준비에 실패하는 것은 실패를 준비하는 것이다!
By failing to prepare, you are preparing to fail.
– 벤저민 프랭클린 Benjamin Franklin

적게 말하기

방송은 경쟁이 치열한 곳이다. 시청취자가 느낄지 모르지만 말 한마디라도 더 하려고 다투듯 입씨름을 벌인다. 진행자는 인사말을 하고, 출연자를 소개하고, 질문을 하고, 얘기의 흐름을 바꾸는 등 반드시 해야하는 말의 양이 있지만, 한마디라도 더 해야 한다는 생각에서 자유롭지못하다. 어떤 진행자는 출연자를 불러다 앉혀 놓고는 자기가 북 치고 장구 치고 나발까지 분다.

이○○이 진행하는 프로그램에 ○○○이랑 ○○○을 불러서 같이 붙여 놓으면 재밌기도 하지만, 전쟁터처럼 살벌하지. 왜냐하면 다들 한 마디도 지지 않으려고 기를 쓰니까.

초기에는 진행자로서 그저 열심히 했는데 어느 날 깨달음의 순간이찾아왔다. '진행자는 말을 하는 사람이 아니고 말을 듣는 사람이다!' 그러고는 미하엘 엔데의 '모모'가 되기로 마음먹었다. 방송이 시작되면 출연자와 눈을 맞추고 고개를 끄덕이고, '하하하' 껄껄 웃으며 손뼉을 쳤다. 모모를 찾은 사람들이 혼자 떠들다가 스스로 깨우치기도 하고 말하기 어려운 비밀까지 털어놓았듯이 출연자들은 정말 열정적으로 많은 얘기를 들려주었다.

그렇게 시간이 흐르니, 사람들이 어쩌면 그렇게 잘 웃느냐며 방송을 보고 나면, 내 웃음소리만 기억난다는 얘기를 했다. 어떤 분은 방송 잘 보고 있다고 운을 떼더니, 그런데 너무 많이 웃는 거 아니냐는 질문을 했다. 나는 또 '하하하' 웃으면서 대답했다. '출연자가 얘기를 하는데 진행자가 제일 먼저 웃지 않으면 누가 웃나요?' 진행자는 말을 잘하는 사람 이전에 잘 듣는 사람이고 제일 먼저 웃는 사람이다! 사석에서도 누가 웃기려고 하면 너그럽게 웃으시라.

필요한 말은 해야겠지만, 꼭 무슨 말을 하려고 1년 365일 애를 쓸 필요는 없다. 나이가 들면 입을 닫고 지갑을 열라고 하듯이 상대의 말을 잘 듣는 것만으로도 떠드는 것 이상으로 잘 소통할 수 있고 좋은 인상을 줄 수 있고 좋은 관계를 만들 수 있다. 말을 해서 내 생각을 전달하는 것이 아니고, 상대의 말을 듣고 내 생각을 전달할 수 있는 길도 있는 것이다. 웅변은 은이고 침묵은 금이다!

진심으로 말하기

언변이 좋은 사람은 따로 연습하지 않아도 청산유수다. 말재주를 타고 난 사람도 있고, 후천적인 노력으로 달변가가 된 사람도 있다. 그런데 말을 잘한다고 해서 반드시 좋은 것만은 아니다. 방송에서 오랫동안 일을 하면서 말 잘하는 사람을 많이 봤는데, 그들에게는 큰 단점이 있다. 일단 마이크를 잡으면 놓지 않는다. 남에게 기회를 주지 않는다. 그래서 미움을 사기도 한다.

반면 말을 잘하려고 노력해도 안 되는 사람이 있다. 그런 사람은 친구나 직장 동료처럼 가까운 사람 앞에서 얘기하는 것도 힘들 수 있고, 대중 앞에서 말하는 것은 불안·초조·긴장을 넘어 두려움일 수도 있다. 그러나 모든 사람이 말을 꼭 매끄럽게 잘해야 하는 것은 아니다. 저마다 소질이 다르고 재능이 다르기 때문이다. 그러니 '말하기' 때문에 스트레스 받을 이유는 전혀 없다.

영화 '킹스 스피치'에서 말더듬이 왕 조지 6세가 라디오 연설을 성공적으로 마칠 수 있었던 비결은 무엇이었을까? 순전히 언어치료사 라이오넬 로그의 도움 때문이었을까? 그렇게 생각하지 않는다. 물론 라이오넬 로그의 치료와 말더듬이 극복을 위한 자신의 노력도 효과가 있었다. 그렇지만 말더듬이 조지 6세가 더는 더듬지 않고 왕으로서 연설을 성공적으로 마칠 수 있었던 것은 무엇보다도 위기에 빠진 나라와 국민을 걱정하는 간절한 마음 때문이었다.

말씨가 어눌하고 투박해도 간절하게 하고 싶은 이야기가 있다면 차근차근 말하면 된다. 유머 감각이 부족하고 농담을 못해도 괜찮다. 모든 청중이 팔짱 끼고 '웃겨 봐.' 하지는 않는다. 미사여구로 말을 화려하게 꾸미지 않아도 된다. 그저 담백하게 자신의 언어로 진심을 말하면 된다. 선생님에게 배운 것, 살면서 경험한 일, 책을 읽다 발견한 길, 실패를 거듭하며 깨달은 칠전팔기의 비결, 가난해도 행복하게 사는 법, 친구가 가르쳐 준 삶의 지혜, 위기에 처한 회사를 구할 수 있는 신의 한 수, 실연의 아픔에 빠진 후배를 위한 따뜻한 위로의 말 등등 간절히 하고 싶은 얘기가 있으면 그것으로 충분하다.

사람들 앞에 서면 떨기도 하고 긴장합니다. 그렇지 않은 게 이상한 거지요. 사람들을 어렵게 생각해야 하고 두려워해야 합니다. 조심스럽고 신중하게 말씀하세요. 굳이 길게 말할 필요는 없습니다. 긴 만큼 실수할 가능성도 큽니다. 짧게 간결하게 말하는 것이 뜻을 정확히 전할 수 있습니다. 어려운 말을 쓰면서 아는 척 할 필요는 없지만 너무 단조로우면 초강력 수면제가 될 수도 있으니 가능하면 다양하게 표현하세요.

유머 감각을 발휘해 농담을 하세요. 청중을 웃기면 이미 반쯤은 성공한 겁니다. 농담을 할 줄 모른다고요? '세상에서 가장 차가운 바다는 썰렁해야.' 이런 정도도 안 될까요? 뭐, 괜찮습니다. 그냥 진심을 얘기하세요. 가슴을 열고, 단추는 풀지 않아도 되니 그냥 솔직하게 말하세요. 부끄러워하지 마시고, 자신의 경험과 지식과 지혜를 나누어 주시고, 좋은 생각을 들려주시고, 응원하고 격려하고 용기를 불어넣어 주세요.

말을 한다고 해서 대화가 성립하고 소통이 이루어지는 것은 아닙니다. '아무 말 대잔치'를 조심해야 합니다. 자기 자랑, 자식 자랑은 되도록 잘 때 잠꼬대로 하세요. 삼가야 할 말도 피해야 할 말도 있을 겁니다. 자신과 가족을 사랑하듯 이웃을 사랑해 주시고, 세상 모든 이의 행복을 위해 함께 꿈꿀 수 있는 얘기를 들려주세요. 만일 정말로 '말하기'에 소질이 없다면 남의 말에 귀를 기울이세요. 잘 듣기만 해도 상대의 마음을 살 수 있습니다.

말을 잘하는 사람이 아닌데도 말 잘하는 법에 대해 감히 썼습니다. '말하기'에 대한 다양한 의견이 있고, 제 생각과 많이 다를 수도 있습니다. 저는 '스피치'가 아닌 '말하기'의 기초로서 우리말을 넓고 깊게 알아야 한다고 생각합니다. 알면 알수록 우리말을 이해하게 되고 지식도 쌓이고 시야도 넓어지겠지만, 아는 만큼 자신의 생각을 표현할 수 있습니다. 또한 말과 글은 가장 중요한 자기표현 수단이기에 뜻이 왜곡되지 않도록 바르게 써야 합니다. 우리말을 반듯하게 세우기 위해 평생 외길을 걸으신 최현배 선생은 다음과 같이 말씀하셨습니다.

> 말과 글을 바르게 하는 것이, 곧, 그것을 소중히 여기는 도리가 된다. 사람의 정신 활동의 산물인 말과 글이 바르지 않고는, 그 고귀한 사명을 말할 수가 없는 것이다... 말을 바르게 한다 함은 대중소리를 쓰며, 대중말을 쓰는 것이다... 글을 바르게 한다 함

은 맞훔법을 정리하여, 만 사람으로 하여금, 다 한가지의 맞훔법을 쓰도록 하는 일이다. (최현배, 『우리말 존중의 근본뜻』)

선생의 말씀처럼 사람의 정신 활동은 말과 글로써 이루어지므로 말과 글을 소중히 생각하고 바르게 해야 합니다. 말과 글을 바르게 하려면 누구에게나 통하는 대중말을 써야 하고 우리말 사용자가 지켜야 할 약속이며 따라야 할 규범인 맞춤법에 맞게 써야 합니다. 널리 누구에게나 통하는 말글 사용은 매끄러운 소통을 위한 '말하기'의 기초이자 정석입니다. 다음 장부터는 우리가 어떤 말글을 쓰고 있는지 들여다보면서 바르게 잘 말할 수 있는 길을 찾아보겠습니다.

2장

톡톡 우리말

말은 사람이 만들었지만, 말이 사람을 만든다. 어떤 말을 어떻게 쓰는지를 보면 어떤 사람인지 알 수 있다. 한국인에게 가장 중요한 언어는 한국어와 한글이다. 아침부터 밤까지 요람에서 무덤까지 우리말글을 쓴다. 영어 잘하는 사람은 영어로 대화도 하고 글도 쓰겠지만, 자신을 가장 잘 표현할 수 있는 언어는 우리말글일 것이다. 우리말글을 가꾸고 키우는 것은 결국 우리 삶을 돌보는 일이며 미래를 위한 투자다.

한국인들은 '우리'라는 말을 좋아한다. 내 나라가 아닌 우리나라, 우리 동네, 우리 학교라고 한다. 그래서 나보다는 내가 속한 공동체를 중시하는 사회라고도 한다. '콩 한 쪽도 나눠 먹는다.'라는 속담은 '우리'를 좋아하는 한국인들의 정서를 반영한다. 한국인들은 혼자 살아도 우리 집이라고 하고, 형제가 없는데도 우리 엄마라고 한다. 심지어는 배우자마저도 우리 남편, 우리 아내라고 한다. 내 아내(my wife)나 내 남편(my husband)을 쓰는 사람들에게는 이상할 것이고, 한국을 다부다처제 사회로 오해할 수 있다. 그럼에도 우리는 '우리'를 즐겨 쓴다. 우리가 남이가!

'한국어' 또는 '국어'라고도 하지만, '우리말'을 많이 쓴다. 한국어는 한국인들이 쓰는 언어를 가리키는 말이고, 국어는 '나라말'이라는 뜻이지만, 우리말은 뭔가 정을 더한 느낌이 강하다. 소리 낼 때, [한국어], [국어]와 달리 [우리말]은 울림도 강하다. 우리네의 정과 정신이 세상에 울려 퍼지는 듯하다. 그런데 묘하게도 '우리글'이라는 말은 그다지 많이 쓰지 않고, '한글'이라고 한다. 훈민정음, 정음, 언문, 암글, 반절, 가갸글이라고도 했지만, 호랑이 담배 피우던 시절 얘기다.

'한글'이란 이름은 1910년 조선에 대한 일제 강점이 시작된 이후 태어났다. 나라를 빼앗기자 더는 우리말을 '국어', 우리 글자를 '국문'이라고 부를 수 없었고, 그런 암울한 상황에서 주시경 선생이 쓰기 시작했으며, 사후에는 제자들이 널리 알렸다. 주 선생의 수제자인 최현배는 한글이란 이름은 스승이 지었고, 세상에 하나인 글자, 큰 글자, 바른 글자라는 의미라고 했다. 한글이란 이름도 좋지만, 한글은 정말 편리하고 공평하고 놀랍고 고맙고 특별하고 위대한 글자다.

1443년 세종은 어린 백성을 위해 쉽게 배우고 편리하게 쓸 수 있는 글자 훈민정음을 만들었다. 훈민정음은 다른 문자들과는 달리 보통 사람들을 위해 만든 문자다. 본디 문자는 지배층, 종교, 거상 등 사회 상층부를 위해 만들어지고 봉사했지만 한글은 태생부터 달랐다. 한글 말고 하층민들, 즉 보통 사람들을 위해 만들어진 글자는 없다. 종교개혁, 시민혁명 등이 일어나고 차츰 만민이 평등한 세상이 되면서 아랫것들도 쓰게 되었을 뿐이다. 한글은 신분제가 강고했던 15세기에 만들어졌고, 공부할 시간이 많지 않은 사람들이 짧은 시간에 쉽게 배울 수 있게 고안되었으니, 이 또한 한글의 특징이고 한글이 지닌 위대함이다.

그럼에도 우리말을 한글로 본격적으로 쓴 역사는 100년쯤밖에 되지 않는다. 오랫동안 유자들에 배척당했고, 한자 사용의 전통과 관습이 질기도록 오래 지속되었기 때문이다. 근대의 길목에 들어 선 1894년 고종이 국문 칙령을 내려 한글을 우리 국자로 선포하고, 한글 전용 신문인 독립신문도 나와 문명개화와 근대화의 중추적인 역할을 담당하려 했지만, 일제에 나라가 망하면서 물거품이 되었다. 일제 식민지가 되지 않았다면 한글 전용 시대는 한결 앞당겨졌을 것이다.

간혹 우리말이 세계에서 가장 좋은 말이라고 하는 이들이 있는데, 사실 어떤 말이 더 좋은지는 비교하기 어렵다. 어떤 말이든 저마다 체계와 특징을 지니고 있기 때문이다. 일본인에게는 일본어가 가장 좋을 수 있고, 영어 화자에게는 영어가 가장 좋을 것이다. 프랑스인의 자국어 사랑은 세계적으로 유명하니 프랑스인에게 최고의 언어는 단연 프랑스어일 것이다.

물론 한국인보다 더 한국을 사랑한 미국인으로 알려진 헐버트(Hulbert, H. B.) 박사가 한국어는 조사와 어미가 발달해 영어보다 더 효율적으로 표현할 수 있다며(김슬옹, 우리뉴스) 우리말을 높이 평가한 것을 생각하면 우리말이 좋은 점을 많이 지닌 말이라고 자랑할 수는 있다. 반면에 한글이 지닌 과학성과 우수성은 세계의 언어학자들도 인정하고 있으니, 최고라 자부해도 국뽕은 아닐 것이다.

'국뽕'이라는 말이 유행해서 국뽕은 '국가'와 '히로뽕'의 합성어일 것이라고 추측했는데, 놀랍게도 빗나가지 않았다. 국뽕은 우리 것, 우리나라 최고를 부르짖는 경향이나 그런 사람들을 가리키는 말이니, 지나친 국수주의, 눈먼 애국주의라고 할 수 있겠다. 애국심은 필요하지만 한자를 우리 선조들이 만들었다거나, 한민족이 세계 4대 문명인 메소포타미아 지역 수메르왕국을 세웠다고 하면, '너 뽕 맞았니?' 소리 듣기 딱이다.

말은 사람이 만들었지만, 말이 사람을 만든다. 어떤 말을 어떻게 쓰는지를 보면 어떤 사람인지 알 수 있다. 한국인에게 가장 중요한 언어는 한국어와 한글이다. 아침부터 밤까지 요람에서 무덤까지 우리말글을 쓴다. 영어 잘하는 사람은 영어로 대화도 하고 글도 쓰겠지만, 자신을 가장 잘 표현할 수 있는 언어는 우리말글일 것이다. 우리말글을 가꾸고 키우는 것은 결국 우리 삶을 돌보는 일이며 미래를 위한 투자다.

한글은 어떤 문자인가

　기록은 식욕, 성욕, 아름다움을 추구하는 미욕과 마찬가지로 인간의 본능이다. 인류는 허공으로 사라지는 말을 기록하기 위한 도구로 문자를 만들었다. 동서양을 막론하고 초기 문자는 그림문자 형태로 만들어졌고, 시간이 흐르면서 일정한 형태를 갖게 되었다. 인류는 문자를 사용함으로써 인류가 발견한 학문적 문화적 성과인 지식과 지혜, 기술, 정보 등을 축적해 다음 세대로 전승하면서 역사 발전을 이룩했다.

　우리 선조들은 말은 있었지만 글자가 없어 중국의 한자를 빌려 기록했는데, 한자로 우리말을 적는 것이 쉽지 않았기 때문에 고생이 많았다. 선조들은 어렵사리 '차자'라는 표기 방식을 고안해 냈다. 우리말을 적을 때, 뜻이 비슷한 한자를 쓰거나 소리가 비슷한 한자를 쓰는 것이었다. '말이 없다'를 '馬伊無多'라고 적고, '馬말伊이無없多다'라고 읽었는데, 뜻으로 읽는 것은 훈독(訓讀), 음으로 읽는 것은 음가(音價), 또는 음독(音讀)이라 했다(신지영 외, 『한국어학의 이해』).

말이 없다	馬 말 (훈독)	伊 이 (음독)	無 없 (훈독)	多 다 (음독)

　이렇게 차자의 원리를 활용해 이두, 향찰, 구결 등 한자로 우리말을

기록하는 방식을 만들었지만 몹시 불편했고, 이런 언문 불일치의 모순과 고난은 15세기까지 지속되었다. 천년이 넘는 오랜 시간 동안 이 문제를 그 누구도 해결하지 못했다는 점에서 이는 '천년 난제'라 할 수 있는데, 세종이 새 문자 훈민정음을 창제하여 문제를 한방에 해결한 것은 우리 역사에서 참으로 기적 같은 일이었다.

왕의 주된 임무는 먹고 사는 문제 해결과 국민의 안전을 지키는 일이라 할 수 있는데, 세종은 기본에 충실했을 뿐만 아니라 어린 백성을 위해 문자를 창제하는 특별한 업적을 남겼다. 게다가 백성을 위한 문자가 사대부가 전용해 온 한자처럼 어려워서는 안 된다는 생각으로 백성이 쉽게 배우고 쓸 수 있게끔 달랑 기본 자모 28자만 만들었고, 28자모를 활용해 우리말을 음절 단위로 적는 방식까지 완벽(?)하게 고안했다.

세종은 셋째 아들이어서 왕위에 오를 수 없었지만, 첫째 양녕이 학문을 게을리 하고 놀이를 좋아하고 장안의 여성을 가리지 않고 사랑하는 등 문제를 일으키자, 이에 불안을 느낀 태종이 종묘사직과 백성의 안위를 생각해 양녕을 폐하고 충녕에게 왕위를 물려주었다. 만일 충녕이 왕이 되지 않았으면 새 문자를 창제할 수 있었을까? 대군의 신분으로 만들었다고 해도 세상에 공포하고 보급할 수 있었을까? 훈민정음이 왕이 만든 문자가 아니었다면 성리학자들의 배척과 억압을 극복할 수 없었을 것이다. 셋째 아들로서 왕위 계승권이 없는 충녕이 극적으로 왕이 되어 문자를 창제한 것은 역사의 우연일까, 필연일까?

한자 사용이 편하고 문제가 없었다면 새 문자는 필요 없었을 것이다. 중국인이 만든 한자는 동아시아 문명을 상징하는 문자지만, 청나라 강희제 때인 1716년 나온 『강희자전』에 이미 47,000자 정도가 실릴 만큼 글자 수가 너무너무 많은데다가, 글자에 따라 다르지만 '한 一(일)'처럼 획수가 하나인 글자가 있는가 하면, '관청 廳(청)'처럼 25획 이상 되는 글자도 숱하고, '코 막힐 齉(낭)'처럼 무려 36획이나 되는 글자도 있어 학습하기가 무지 매우 지난하다.

齉

코 막힐 낭

부수: 鼻
모양자: 鼻(코 비) + 囊(주머니 낭)
총 획수: 36획
뜻: 코가 막히다. 소리가 분명치 않다.

네이버 한자사전

중국인들은 평생 공부해도 자기네 글자를 다 알 수가 없다. 현재 중국이 간체자를 쓰고 있는 것도 바로 문자를 개혁해야 한다는 절박한 심정에서 나온 오랜 고뇌와 연구의 결과였다. 중국은 1964년 '간체자총표(簡體字總表)'를 만들어 간체화 부수(簡化偏旁)의 사용 범위 등을 정했으며, 1986년에 다시 한번 조정을 했다. 그럼에도 여전히 많은 수의 상용 간체자 2,274자를 쓰고 있다. (김진아 외, 『세계 언어백과』)

일본은 사정이 더욱 복잡하다. 일본어에서는 한자와 기원후 10세기를 전후해 성립된 일본의 가나문자를 함께 사용한다. 일한문 혼용이다. '가나(仮名)'는 '진짜 글자'라는 한자 '마나(真名)'에 대비되는 '가짜 글자'라는 뜻이니, 훈민정음 창제 이후에도 한자를 숭배한 성리학자들이 한자를 '진서(眞書)'라고 하면서 언문을 배척한 것과 비슷하다. 또한 가나는 우

리 선조들이 한자를 간소화해 한자 '去(거)'는 'ㅿ'로, '隱(은)'은 'ㄱ' 등으로 고안해 쓴 구결자처럼, 한자 '安(안)'에서 히라가나 'あ(아)', '阿(아)'에서 가타카나 'ア(아)' 등이 만들어졌다.

히라가나	安→あ 以→い 宇→う 衣→え 於→お
가타카나	阿→ア 伊→イ 宇→ウ 江→エ 於→オ

자식이 부모를 닮듯 한자를 모태로 태어난 가나는 한자와 모양이 비슷하다. 약자라고 해도 과언은 아니다. 히라가나는 문자 발생 초기 한문에 익숙지 않은 여성들이 주로 사용했지만 남성들도 일본 노래 '和歌(와카)'를 짓거나 여성에게 편지를 보낼 때 쓰면서 오늘에 이르렀고, 가타카나는 중국의 고전이나 불경 등 한문의 훈독을 위해 고안되었는데, 현대 일본어에서는 외래어 표기나 의성어·의태어 표기, 강조 용법 등에 사용되고 있다. 이처럼 일본은 가나와 1981년 제정한 상용한자 2,136자를 함께 쓰고 있어서 한자 학습에 많은 시간과 노력을 투자하고 있다. (공의식, 『새로운 일본의 이해』)

한자를 사용한 오랜 역사와 문화를 공유하고 있어 동아시아를 한자문화권이라고 한다. 그런데 한자는 학습과 사용이 어려운 글자로 악명(?)이 높아 중국인도 개혁의 필요성을 자주 제기했고, 사상가 노신은 '한자가 없어지지 않으면 중국은 멸망한다.'라고까지 역설했지만(홍인표, 『중국의 언어정책』), 한자로 축적된 장구하고 견고한 지의 만리장성 안에서 한자 폐지는 불가능한 꿈이 아니었을까!

사정은 일본도 비슷했다. 1883년 '가나회'를 결성해 활동한 마에지마 히소카(관료)는 국민교육의 평등과 향상을 위해 한자 폐지를 주장했고, 1885년 니시 아마네(교육자)를 중심으로 활동한 '로마자회'는 로마자를 공식 문자로 사용할 것을 주장했지만(총연림, 『근대 이후 한국·일본·베트남의 탈한자화 논쟁 및 한자교육』), 끝내 일본은 한자 옹호론자들의 반대와 더불어 실용적인 면에서 가나문자가 지닌 한계로 인해 한자를 폐지하지 못했다.

그런데 일본과 비슷한 상황에 처했던 대한민국은 어떻게 한글 중심의 문자 생활을 실현할 수 있었을까? 세종의 훈민정음 창제와 주시경을 필두로 한 국문 전용론자들의 한글 전용을 위한 힘찬 투쟁이 있었기에 가능했지만, 한글이 한자를 대체할 수 있는 문자로서 우수한 자질을 지니고 있었기 때문이다. 문자 선택을 둘러싼 논쟁 속에서 로마자를 국자로 채용하자는 의견이 나오지 않은 것도 한글이 있었기 때문이다.

한글은 어렵게 태어나 성장도 순탄치 않았지만 세상을 바꾼 기적의 문자다. 한글은 언문 불일치라는 '천년 난제'를 해결했고, 사람이 문자의 주인이 되는 세상을 위해 태어난 글자로서 백성에게 지식·정보·독서와 창작의 즐거움을 제공하며 민주와 평등의 가치를 실현해 왔다. 지난 70여 년 동안 한글은 대한민국 사회 발전의 중추적인 역할을 했으며, 한자문화권의 지류에서 독립한 대한민국은 한글문화권의 종주국으로서 독자적인 한글문화를 일궈나가고 있다. 이 모든 것이 한글이 없었다면 가능했을까?

MBC는 문화방송, KBS는 한국방송공사, EBS는 한국교육방송이다. ABC는 뭘까? ABC는 미국의 6대 지상파 방송국 중 하나의 이름이기도 하지만, 영어 알파벳의 첫 세 글자 ABC이기도 하다. 각각 에이(A) 비(B) 시(C)라고 읽는다. ABC를 처음 안 것은 초등 6학년 겨울방학 때였는데, 대학생 누나에게 난생 처음 영어를 배우면서 알파벳 26자 꼬부랑글씨의 모양과 이름을 공책에 쓰며 정말 열심히 외웠다.

A에이 B비 C시 D디 E이 F에프 G지 H에이치 I아이 J제이 K케이 L엘 M엠 N엔 O오 P피 Q큐 R알 S에스 T티 U유 V브이 W더블유 X엑스 Y와이 Z제트

당시 'ABC Song(알파벳 송)'이라는 노래도 따라 부르며 혓바닥에 땀나도록 외웠다. 대문자뿐만 아니라 abcdefghijklmnopqrstuvwxyz 등 26자 소문자와 필기체 대문자, 소문자까지 몽땅 외웠다. 결과적으로 영어는 104자를 알아야 읽고 쓸 수 있다. 여하간 그때 기초를 튼튼히 한 덕분에 40여 년이 흐른 지금도 어떤 글자든 한눈에 알아보고 이름을 척척 말할 수 있다. K-케이, P-피, W-더블유! '따블유'가 아니다. 글자의 모양과 이름을 기억하는 것은 외국어 공부의 첫걸음이고 기초다.

일본어를 배울 때도 마찬가지였다. 가나문자는 히라가나와 가타카

나 2가지가 있는데, 각각 46자이니 모두 92자다. 히라가나는 'あア いイ うウ えエ おオ かカ きキ くク けケ こコ さサ しシ すス せセ そソ 〜 わワ をオ ん응' 등이고, 가타카나는 'アア イイ ウウ エエ オオ カカ キキ クク ケケ ココ ササ シシ スス セセ ソソ 〜 ワワ キ오 ン응' 등이지만 92자로 끝나지 않는다.

がガ ぎギ ぐグ げゲ ごゴ(히라가나), ガガ ギギ ググ ゲゲ ゴゴ(가타카나) 등처럼 글자 오른쪽 어깨에 점 2개를 찍는 탁음자도 있고, ぱ파 ぴ피 ぷ푸 ぺ페 ぽ포(히라가나), パ파 ピ피 プ푸 ペ페 ポ포(가타카나) 등처럼 글자 오른쪽 어깨 위에 작은 동그라미를 찍는 반탁음자도 있으며, 큰 글자와 작은 글자를 합쳐 쓰는 요음자도 있는데, きゃ캬 きゅ큐 きょ쿄 しゃ샤 しゅ슈 しょ쇼(히라가나) キャ캬 キュ큐 キョ쿄 シャ샤 シュ슈 ショ쇼 (가타카나) 등이다. 게다가 우리말 '사이시옷'에 해당하는 작은 'っ(っ／ッ)'를 써서 ぎっぷ(표), ホット(훗토, hot) 등처럼 쓰기도 한다. 최대한 간단히 정리 하려고 무지 애를 썼지만 복잡하다.

は(하)	ば(바)	ぱ(파)	ひゃ(햐)	はっ(핫)

이렇게 복잡해도 '음절문자'여서인지 외국인도 열심히 외우면 글자 이름을 잊어버리는 경우는 거의 없다. 반면 한글 이름은 어떨까? 한글 은 자음자 ㄱㄴㄷㄹㅁㅂㅅㅇㅈㅊㅋㅌㅍㅎ 등 14자, 모음자 ㅏㅑㅓㅕㅗ ㅛㅜㅠㅡㅣ 등 10자로 기본 24자이고, 확장 자음자 ㄲㄸㅃㅆㅉ 등 5 자, 확장 모음자 ㅐㅒㅔㅖ ㅘㅙㅚ ㅝㅞㅟ ㅢ 등 11자를 합쳐 모두

40자이다. 백성을 위해 만든 글자여서 숫자도 적다. 모음자는 글자의 발음이 이름이어서 따로 외울 필요도 없고 잊어버리지도 않는다. 불가사의한 것은 자음의 이름이다.

ㄱ	ㄴ	ㄷ	ㄹ	ㅁ	ㅂ	ㅅ
기역	니은	디귿	리을	미음	비읍	시옷
ㅇ	ㅈ	ㅊ	ㅋ	ㅌ	ㅍ	ㅎ
이응	지읒	치읓	키읔	티읕	피읖	히읗

현재 사용하고 있는 한글 자모의 이름은 1933년 조선어학회가 제정한 '한글 맞춤법 통일안'에서 정한 것인데, 이는 1527년에 최세진이 지은 한자 학습서 『훈몽자회』 앞머리에 적혀 있는 '언문자모'의 이름에서 비롯됐다. 그렇다고 해서 최세진이 자모의 이름을 지었다고 보기는 어렵고, 이미 항간에 유통되고 있던 자모의 이름을 자신의 저술에 옮겨 적은 것으로 봐야 할 것이다.

그런데 자모의 이름을 한자를 이용해 이두로 표기하다 보니 '윽' 자와 비슷한 발음이 나는 '役' 자를 써서 '其役(기역)'이라 적고, '옷'을 표기하기 위해 '옷 의(衣)' 자를 쓰고 뜻으로 '옷'이라 읽었다. '디귿'의 경우에는 '끝 말(末)' 자를 써서 '池末'이라 적고, '지귿 → 디귿'으로 읽었다. 이런 사정으로 '기역, 디귿, 시옷'은 자음의 이름에 일관되게 적용된 '으' 원칙에서 벗어나는 이름이 되었다.

그럼에도 '기역 니은 디귿 리을 미음 비읍 시옷 이응 지읒 치읓

키읔 티읕 피읖 히읗' 14자의 이름을 외우는 것은 어려운 일이 아니다. 한국어를 배우는 외국인도 우리가 ABC를 열심히 외웠듯이 외우고 잘 안다. 놀라운 것은 기역부터 히읗까지 자음의 이름을 정확히 아는 한국인이 많지 않다는 사실이다. 2005년 출간한 졸저『대한민국은 받아쓰기 중』에 썼듯이 상당히 많은 사람이 기역을 '기윽', 디귿을 '디은', 비읍을 '비옵', 시옷을 '시읏', 지읒을 '지긎', 치읓을 '치옺', 키읔을 '키역', 히읗을 '히응'이라고 한다. 떵! 입이 열 개라도 할 말이 없다.

'야민정음'이 유행한다고 해서 야한(?) 문자인가 하고 잔뜩 기대를 했다. 야민정음을 은밀하게 사용하는 이들의 글을 직접 볼 수 있는 기회가 없어 답답했는데, 어느 날 신문에 난 기사를 보고 좀 실망했다.

> '롬곡롬곡.' 대학생 이아무개(20)씨는 사촌 동생과 카카오톡으로 대화하다가 의문의 메시지를 받았다. 무슨 뜻이냐고 물었더니, '핸드폰 화면을 180도 돌려보라'는 답이 돌아왔다. '롬곡롬곡'의 위아래를 뒤집어 보니 '눈물눈물'로 보였다... 집에서 기르는 강아지를 '댕댕이'(멍멍이)라 부르고 좋은 노래가 있으면 '띵곡'(명곡)이라며 친구에게 소개한다. (한겨레, 롬곡롬곡·댕댕이·띵곡…'야민정음' 아세요)

기대했던 야한 문자는 아니고 한글 자모를 갖고 노는 느낌을 받았다. 외대 이성하 교수는 '한글의 독특한 조합 방식을 반영, 언어를 변형해 즐거움을 느끼는 언어 놀이'라고 했는데, 영어와 달리 자음과 모음을 합쳐 음절을 만드는 한글만의 특성이 야민정음의 창제(?)를 이끌어 냈다고 봐야 할 것이다.

2014년쯤 인터넷 '야구갤러리'에서 유행하기 시작했다는 야민정음은 10년 새 어휘를 늘리며 성장했다. 최근에는 '댕댕이'가 멍멍이보다 더 많이 쓰이는 듯하다. 띵작이 댕댕이를 낳고 댕댕이는 다시 띵작이 되었다. 그렇다고 해서 멍멍이가 버림을 받거나 운명한 것은 아니니 롬곡 롬곡할 일은 아니다.

> 댕댕이(←멍멍이), 롬곡롬곡(←눈물눈물), 머전(←대전), 판팡띵물(←관광명물), 띵작(←명작), 띵물(←명물), 띵곡(←명곡), 커여워(←귀여워), 괄도네넴띤(←팔도비빔면), 푸라면(←신라면: 포장지에 적힌 '후' 자를 살짝 비틀었다.), 익메뜨(←위메프), 세종머앟(←세종대왕)

　음절을 뒤집어 쓰는 것은 새로운 것은 아니다. 기성세대도 과거에는 응은 뒤집어도 응이야, 근도 근이고, 문을 뒤집으면 곰이 되고, 곰을 뒤집으면 문이야, 곡을 뒤집으면 눈이고, 눈 뒤집으면 곡이니, 눈 뒤집히면 곡소리 날걸 하면서 놀았다. 윤 대통령을 '곰'이라고 하는 것도 '윤'을 뒤집은 것이니, 놀랄 일은 아니다. 한편 멍멍이 비슷한 댕댕이를 쓰는 것은 신종 수법이다. 더러는 눈을 부릅뜨고 노려봐야 파악이 되는 글자도 있고, '괄도네넴띤'처럼 설명을 듣지 않고는 좀처럼 알 수 없는 것도 있다.

　한글문화연대 정인환 운영위원이 "야민정음으로 언어문화 자체가 좌우될 거라 보지 않는다."라고 말한 것처럼 크게 걱정할 일은 아니다. 야민정음이 한글 사용법의 근간을 흔들지는 않을 것이다. '세종머앟'께서도 야민정음 놀이가 훈민정음의 가치나 우리말을 훼손하는 일이라 염려하지는 않을 것이다. 오히려 자신의 창의적인 유전자를 이어 받은 재기발랄한 후손들의 '커여운' 재롱잔치쯤으로 생각하고 '므흣'한 미소를 날리실 것 같다.

그러고 보면 2000년대 초반 등장한 '아햏햏'도 있고 '므훗'도 있다. '아햏햏'가 나왔을 때 한글 파괴라고 야단법석을 떨기도 했는데, 쓰지 않던 글자를 쓴 것이지 한글 파괴는 아니었다. 요즘 '아햏햏'를 쓰는 사람이 거의 없는 것을 보면 언어는 생물이어서, 생로병사의 숙명을 안고 살아감을 새삼 실감한다. 반면에 '므훗'은 꾸준히 사용되고 있는데, '므훗'을 이성의 자극적인 사진이나 영상을 보면서 흡족해 한다는 뜻으로 쓴다니, 의외로 야한 말은 '므훗'이었다!

여: 오빠, 올여름에 경포대에서 찍은 사진인데 어때?

남: 므훗…

(퍽, 퍼버벅, 퍼버버버벅벅…)

"롬곡, 댕댕이… 이분들은 진짜 언어에 대해 천재적이에요(웃음). 기성 세대들이 인터넷과 젊은 세대들이 사용하는 말들을 언어파괴라고 안 좋게 보는 경우가 많은데, 저는 그런 인터넷 유저들이야말로 낯설게 보기의 대가들이라고 생각하거든요." (『브랜드: 짓다』 저자 민은정 인터뷰 중)

오래 전 읽은 류시화의 『하늘 호수로 떠난 여행』이 생각난다. 호수는 본디 땅에 있는 것인데, 낯선 '하늘 호수'가 어떤 호수인지 궁금했다. 문학이나 광고에서 많이 쓰는 수법이긴 하지만, 낯설게 하기·낯설게 보기는 단조로운 일상에도 필요한 우리말 비타민이다.

덧: 자료를 뒤지다 놀란 것은, '므훗'의 유래가 일본 만화가 아다치 미츠루(あだち充)의 만화 주인공이 여성의 속옷 등을 보면서 엉큼하게 미소 짓는 장면에 적힌 'ムフ♡(므흐♡)'가 유행이 됐고, 우리나라에 상륙해 '므훗'이 됐다는 얘기였다. 일본 만화를 좋아하는 한국인 독자들도 많고, '므흐(ムフ) → 므훗' 정도는 얼마든지 가능한 변화지만, '므훗'에 야한 뜻만 있는 것은 아니다. '므훗'은 마음이 흡족하여 만족스러울 때 쓰는 우리말 '흐뭇하다'를 연상케 하니, 야한 쪽으로만 생각하지 말고 건전한 상상을 많이 하자.

한글이 꽃피운 칠곡 할매 인생 2막

칠곡할매글꼴이 2023년 대통령 연하장에 담겼다. 칠곡 할매들은 평생 글을 모르고 사셨다. 길거리에 걸린 간판은 읽지 못해 답답했고, 이름이나 주소를 쓰는 게 두려워 동회나 은행, 우체국에 가는 건 피했고, 혼자서는 버스도 탈 수 없었다고 한다. 칠곡 할매들뿐만 아니라 가난한 시절을 땀과 눈물로 버텨낸 대한민국 할매들의 삶은 보탤 것도 뺄 것도 없이 비슷비슷했다.

돈이 없어 배우지 못했고 형편이 넉넉해도 여자는 학교에 보내지 않은 집도 많았다. 어릴 때부터 집안일, 농사일 등 온갖 궂은일을 다 했고, 남의집살이도 하며 오빠와 동생 학비를 보탰다. 칠곡 할매 세대 할매들의 삶은 말할 수 없이 고달프고 서러웠다. 고난과 역경 속에서 당신을 희생했다. 그런 할매들이 뒤늦게 한글을 배워 문맹에서 탈출해 당신 이름도 쓰고 손주들 이름도 쓰며 즐거워하시더니, 2015년 첫 시집 『시가 뭐고?』를 냈다.

> 여자은 공부를 안해도 댄다 하셨다 학교로 안 가니 너무 맘이 아파 밥도 안 먹고 누버서 우럿다(이분란)
>
> 닥도 있고 개도 있고 남 업는 영감 있고 또시랑 또시랑 자앙 있지(고점석)
>
> 컵피 한 잔을 태워 녹고 않저면 내 마음이 허뭇하네(윤분이)

> 옛날 시집와서 아들 딸 삼 남매 키우느라 힘들었지(이복순)
>
> 배우께 조은데 생가키거를 안는다(박후금)
>
> 태풍 때무리 고추가 누워버릿다(이외분)
>
> 인지 아무거또 업따 묵고 시픈 거또 업또 하고 시픈 거도 업다 갈 때대가 곱게 잘 가
>
> 느 게 꿈이다(박금분)

　할매들 시는 꾸밈이 없다. 맘 그대로 말 그대로 삐뚤빼뚤 한글로 썼다. 읽다 보면 웃음도 나고 눈물도 난다. 해방 이후 우리는 한글을 선택했다. 한자를 좋아하는 식자들은 "언문이란 여인네들이나 가르칠 것이지, 당당한 남자들에게 그것을 가르쳐서 무식장이를 만들자는 말인가?"라며 거세게 반발했지만, 일제강점기 얼과 정신이 담긴 우리말과 한글을 지킨 조선어학회 학자들을 중심으로 똘똘 뭉쳐 새로운 세상, 대중 세상을 열기 위해 한글 전용 운동을 전개했다. 대한민국 정부는 1948년 10월 9일 「한글전용에관한법률(한글전용법)」을 제정·공포했다. 그 후로도 반세기가 넘는 시간이 걸렸지만, 21세기 대한민국은 한글 전용 시대를 살고 있다.

> 내가 살아온 세상 까막눈 세상
>
> 눈을 뜨고도 보수업서니까 까막눈 세상
>
> 세상을 살다보이 행운이 차자왔네
>
> 한글은 내 인생이다
>
> 검은 머리 흰머리 대어서 눈을 뜨네

밝은 세상 꽃은 피네

내 인생도 꽃피네

2016년에 나온 두 번째 시집 『콩이나 쪼매 심고 놀지머』에 실린 최영순 할매의 시다. 만일 해방 후 어려운 국한문의 길을 걸었다면, 할매들은 결코 눈을 뜰 수 없었을 것이다. 세종이 어린 백성을 위해 만든 글자 한글은 이렇게 빛을 발했다. 칠곡 할매들은 연극도 하고, 영화에도 나왔다. 2020년 겨울에는 칠곡할매글꼴을 세상에 내놓으셨다.

글꼴 홍보대사를 맡아달라는 전화를 받은 날 이후 할매글꼴을 알리기 위해 애쓰고 있다. 칠곡을 방문해 할매들과 막걸리도 마셨고, 신문과 방송 인터뷰도 했다. 구독자가 몇 되지 않지만, '정재환의 한글상식(현재 우리말 비타민)' 제목도 할매글꼴로 쓰고, 2022년 여름 서울경제티브이에서 석 달 간 방송한 '정재환의 아리아리' 제목도 담당자와 의논해 할매글꼴로 썼으며, 외부 강의를 할 때마다 할매글꼴을 홍보하고 있다. 칠곡할매글꼴은 한컴오피스와 엠에스오피스에서 무료로 쓸 수 있다.

2023년 대통령 연하장은 칠곡할매글꼴 권안자체로 작성되었다. 언론 보도를 통해 "지난 한 해, 어려운 여건 속에서도 묵묵히 맡은 바 소임을 다 해온 여러분께 깊이 감사드립니다."로 시작하는 연하장을 보았을 것이다. 연하장에는 '새해 복 많이 받으십시오.'라는 인사와 함께 2023년은 고난과 시련, 갈등과 분열을 뒤로 하고 모두 함께 화합과 행복을 꿈꿀 수 있는 희망찬 해가 되기를 바란다는 소망이 담겨 있다.

권안자 이원순 추유을 김영분 이종희 할매는 기뻐했다. 특히 권안자 할매는 "이제 죽어도 여한이 없다."라며 감격했다. 돌아가시기에는 너무 이르다. 힘든 세월을 헤쳐 오신 만큼 건강하고 즐겁게 장수하시기를 간절히 기원한다. 그동안 할매들 모시고 공부하면서 할매들의 제2의 인생을 여는 데 노력과 정성을 기울인 칠곡군 문해 교육 담당자들의 노고에 깊이 고마움을 전한다. 그리고 사족인줄 알지만 그래도 한마디만 하자. 다음은 연하장 맨 아래 적힌 문구다.

> 위 서체는 76세 늦은 나이에 경북 칠곡군 한글교실에서 글씨를 배우신 권안자 어르신의 서체로 제작됐습니다. (세계일보, 76세에 한글 깨친 권안자 할머니 글꼴…尹대통령 연하장에 등장, 2023. 1. 2.)

무심히 보면 모르고 넘어갈 수도 있지만 뭔가 이상했다. '위 서체는… 서체로 제작됐습니다.'는 비문이다. 주어와 술어의 호응이 자연스럽지 않다. 우리말 비타민이 필요하다. "위 서체는 76세 늦은 나이에 경북 칠곡군 한글교실에서 글씨를 배우신 권안자 어르신의 서체(글꼴)입니다." 또는 "이 연하장은 76세 늦은 나이에 경북 칠곡군 한글교실에서 글씨를 배우신 권안자 어르신의 서체로 제작했습니다."라고 했어야 했다. 대통령실에서 이런 실수조차 확인하지 못했는지 안했는지 아쉽다.

할매들 시를 보면 사투리뿐만 아니라 '여자은, 안해도 댄다, 누버서 우럿다, 컵피 한 잔을, 누워버릿다, 하고 시픈 거도' 등등 맞춤법에서 벗어나는 표기가 많이 나온다. 할매들이 쓴 시나 글을 보며 '맞춤법이 틀렸네 어쩌네.' 하는 사람은 세상에 없을 것이라 믿는다. 맞춤법은 연하장 제작 담당자를 포함해서 중등교육 12년, 대학까지면 16년, 대학원까지 마쳤다면 20년이 넘는 동안 학교에서 충분한 교육을 받았음에도 2% 부족한 사람들이 우리말 비타민 복용하면서 서로 돕고 조언하고 가르쳐주고 이끌어주고 고민하며 풀어 가야 할 문제다.

처음 '밀당'을 들었을 때, '밀당은 또 뭘까?' 했지만, '밀고 당긴다'를 줄인 말이라는 얘기를 듣고 무릎을 탁 쳤다. '캬, 기가 막히다!' 밀당 이전에는 '너 요즘도 영식이랑 밀고 당기는 중이니?'라는 식으로 말했다. 밀당이 나오니, '너 요즘도 영식이랑 밀당 중이니?'로 꽉 줄었다. 표현의 경제성으로 보면 효율이 엄청 높다. '밀고 당기기'를 줄여 '밀당'이라고 한다는 설명을 한 번만 들으면 바로 이해할 수 있으므로 이해의 경제성도 매우 높다. 한마디로 근년 나온 줄임말 중 단연 으뜸이다.

특강을 나가면 빠지지 않고 받는 질문 중 하나가 '줄임말에 대해 어떻게 생각하느냐?'라는 것이다. 젊은 세대가 말을 너무 심하게 줄이는 데 대한 걱정과 불만이 담겨 있다. '줄임말은 동서고금 어떤 언어에서나 있는 겁니다.'라고 운을 떼면 다소 의아해 한다. '여기 50대 계시죠? 옥떨메를 기억하시죠?' 50대뿐만 아니라 '옥떨메'를 기억하는 사람이 많은 경우 더 설명하기도 전에 웃음이 터진다.

> 맞아요, 옥떨메는 '옥상에서 떨어진 메주'를 줄인 말입니다. 옥떨메킹조스카도 있었지요? 여러분도 청춘 시절에 이런 줄임말을 많이 쓰셨죠.

줄임말(준말)은 자연스러운 현상이다. 긴 말을 짧게 줄이려는 경향이 있는데, 『한국민족문화대백과』에서는 이유를 다음과 같이 설명한다.

첫째, 어형이 길어서 말하거나 표기하는 것이 번잡스러울 때 그것을 덜기 위하여 만들어진다.

선거관리위원회 → 선관위, 노동조합 → 노조,
국제연합(The United Nations) → 유엔(UN)

위와 같은 줄임말은 일일이 열거하기 힘들 정도로 많다. 정부 부처 이름만 해도 그렇다. 과기부(과학기술부), 행안부(행정안전부), 문화부(문화체육관광부), 여가부(여성가족부), 기재부(기획재정부), 국토부(국토교통부) 등등 본말보다 줄임말이 더 익숙하다. 나라 이름도 줄여 대한민국은 한국, 중화인민공화국은 중국, United States of America를 U. S. A.라고 한다.

둘째, 특정한 사회에서 그 구성원들만이 사용하고 외부 사람들이 알아듣지 못하게 하기 위하여 만들어진다.

깡패 → 깡, 성냥개비 → 개비

'민족대백과'에 제시된 예가 너무 오래됐다. 요즘 자주 듣는 줄임말은 비번(비밀번호), 인강(인터넷 강의), 학폭(학교 폭력), 갑분싸(갑분싸), 갑툭튀(갑자기 툭 튀어나와), 졌잘싸(졌지만 잘 싸웠다), 지못미(지켜주지 못해 미안해), 깜놀(깜짝 놀람), 혼밥(혼자 먹는 밥), 혼술(혼자 마시는 술), 먹방(먹는 방송), 먹튀(먹고 튀다), 맛집(맛있는 음식점), 겉바속촉(겉은 바삭하고 속은 촉촉하다), 웃픈(웃기지만 슬픈), 취존(취향 존중), 단짠(단맛과 짠맛의 궁합), 주불(주소 불러), 아싸(아웃사이더), 인싸(인사이더), 핵인싸(인싸 중의 인싸), 케바케(케이스 바이 케이스), 당모치(당연히 모든 치킨은 옳다) 등이 아닐까?

그런데 위 줄임말을 '외부 사람들이 알아듣지 못하게 하기 위하여 만든 것'이라고 보기는 어려울 것 같다. 과거 은어로 썼던 '깡', '개비' 등과 성격이 다르다. 굳이 은어에 가까운 것을 찾는다면 '사람에 따라 다르다'를 일본어와 영어를 합해 만든 닝바닝(にんげん BY にんげん) 정도가 아닐까? 물론 아싸, 인사, 핵인싸, 케바케, 당모치 등을 중장년층, 노년층에서 전혀 이해하지 못한다면 젊은 층에서만 유통되는 은어에 가까운 줄임말로 볼 수 있을 것이다.

줄임말이 의사소통 장애, 말의 품위 실종, 예의 상실 등의 문제를 일으킨다는 걱정도 있다. 딸 학교로 찾아간 엄마가 '중도 앞에서 기다릴게.'라는 문자를 받고 '중도(중앙도서관)'가 뭔지 몰라 애를 먹었다는 얘기도 있으니, 세대 간 원활한 소통을 위해서는 지나치게 아리송한 줄임말 사용은 피해야 할 것이고, 품위 없는 줄임말이나 '우리 부장은 TMI(too much information: 지나치게 말이 많다, 잔소리꾼)야.'라는 식으로 윗사람을 간단히 평가하는 것도 주의할 필요가 있다.

그럼에도 줄임말은 표현의 경제성뿐만 아니라 순우리말은 조어력이 약하다는 단점이나 한계를 극복할 수 있는 가능성을 보여주고 있다. 국립국어원 '새말모임'에서 외래 용어를 쉬운 우리말로 바꾸는 것은 대체어를 찾는 작업이면서 번역이다. 이때 거버넌스 → 민관 협력, 협치, 행정 / 게이트웨이 → 관문 / 게임메이커 → 주도 선수, 핵심 인물 / 골든 시드 → 황금 종자, 우량종자 산업 / 그래픽 노블 → 만화형 소설 등과 같이 한자어를 활용해 바꾼 말들이 대부분이다.

반면에 순우리말로 바꾸는 것은 쉽지 않아, 가십거리 → 입방아거리 / 골든 블록 → 금싸라기 동네 등과 같은 대체어는 그리 많지 않다. 돌이켜 보면 서클을 동아리, 이메일 주소의 @을 골뱅이, 네티즌을 누리꾼, 홈페이지를 누리집 등으로 바꾼 것은 매우 힘겹게 이뤄낸 기적 같은 성과였다. 이렇듯 녹록치 않은 상황에서 근래 널리 사용되고 있는 밀당, 혼술, 웃픈, 깜놀, 먹방, 갑툭튀, 지못미, 단짠, 먹튀, 겉바속촉 같은 줄임말은 한자 어휘를 주로 활용하던 조어의 틀을 깨면서 오랫동안 지적돼 온 '우리말 조어력의 한계'를 극복할 수 있는 가능성을 유감없이 보여주고 있다.

우리말에도 발음이 있다

외국어 공부할 때 발음 연습을 많이 한다. 되도록 원어민처럼 발음해야 뭘 말했는지 알 수 있고, 소통이 잘 되기 때문이다. 뒤늦게 영어 공부하면서 절감하지만, 원어민처럼 발음하는 것은 쉽지 않다. 어쩌면 불가능한데, 그럼에도 비슷하게 소리를 내려고 노력하고 있다. 일반적으로 어렵다는 발음은 우리말에는 소리가 없는 f[f], v[v], th[θ], ge[ʤ] 등이지만 실은 이밖에도 무수히 많다.

ㅎ에 가까운 f와 ㅂ에 가까운 v는 소리를 낼 때, 아랫입술을 살짝 물었다가 놓아야 한다. 간단한 것 같지만, 쉽지 않고, 이 동작을 생략할 경우, 상대가 못 알아들을 가능성이 아주 높다. 'fly'를 발음할 때 아랫입술을 물었다 놓지 않으면 [flaɪ]가 아닌 [후라ɪ]가 되고, 상대는 귀를 쫑긋 세우며 'What?'을 반복할 것이다.

th는 혀끝으로 윗니를 덮어 공기의 흐름을 막았다 떼면서 발음해야하는데, 이게 쉽지 않아, 'three'가 [θriː]가 아닌 [쓰riː 뜨riː 뚜riː 쯔riː]가되기 십상이다. 또한 r과 l의 구분도 정말 어렵다. r을 소리 낼 때, 뽀뽀하듯이 입을 쑥 내밀면서 하라고도 하는데, 남사스럽기도 해서 살짝만 내밀면, 'rose'는 [roʊz]가 아닌 [로z]가 되고, 역시 상대는 'What?'을 연발하며 못 알아듣겠다는 표정을 짓는다.

영어에 비하면 일본어가 쉽지만 까다로운 발음이 곳곳에 숨어 있다.

일본 글자 'か'는 [카]에 가깝지만 점 2개짜리 탁음이 어깨 위에 붙은 'が'는 [가]에 가까운 소리가 난다. 마찬가지로 'し'는 [시]에 가깝지만 'じ'는 [지]에 가깝다. 운동복(추리닝)은 일본어로 'ジャ―ジ(←jersey)'라고 쓰고 [쟈-지]라고 발음하는데 결코 쉽지 않다. 1923년 간토대지진 당시 학살당한 조선인들은 '쥬고엔 고짓센(十五円五十錢: 15엔 50전)'을 일본인처럼 발음하지 못해 목숨을 잃었다.

이처럼 발음은 생사를 좌우하기도 하고, 입학시험이나 취직 시험의 당락을 결정지을 정도로 중요해서 많은 시간과 노력을 투자하지만, 정작 우리말 발음을 중시하는 사람은 멸종 위기에 놓인 말레이천산갑, 오스톤사향고양이, 인도차이나원숭이 등처럼 찾아보기 어렵다. 정확한 발음 혹은 표준 발음은 아나운서와 성우의 전유물이 아니다. 가는 [가], 카는 [카], 까는 [까]라고 발음해야 한다. 글자가 다르니 소리가 다른 것은 너무나도 당연한 이치다. 소리가 같다면 애당초 모양이 다른 글자를 만들 이유도 쓸 이유도 없다.

우리말은 모음이 풍부하고, 받침소리가 많다. 앞말과 뒷말이 만나면서 일어나는 소리의 변화도 무쌍하다. 자연스럽게 나는 경음화나 자음접변, 음의 첨가 등으로 인한 소리 변화를 정확히 알고 발음하는 것은 쉽지 않다. 오랫동안 좋은 습관을 쌓거나 강도 높은 훈련을 하거나 항상 관심을 갖고 확인하지 않으면 실수(?)하기 쉽다. 그럼에도 '앞 음절의 받침에 모음으로 시작되는 형식 형태소가 이어지면, 앞의 받침이 뒤 음절의 첫소리로 발음되는 연음법칙'은 일관적이다. '하늘이 [하느리]', '바람이 [바라미]' 등등.

[하느리]와 [바라미]를 틀리는 경우는 본 적이 없으나, '꽃을[꼬츨]'을 [꼬슬]이라고 하거나, '밭에[바테]'를 [바세]라고 하는 사람은 쉽게 볼 수 있다. 갓 태어난 아기의 건강을 위해 모유를 먹이는 엄마가 '[저시] 잘 안 나와요.'라고 한다면, 본디 [저슨] 나오지 않는 거라고 조언하고 싶다. 왜냐하면 [저슨] 새우젓이나 멸치젓의 '젓'이고, 모유는 '젖'이어서 '[저지] 안 나와요.'라고 해야 하기 때문이다. [저시] 나오면 해외 토픽감이다.

한국어를 배우는 외국인은 낱말의 뜻뿐만 아니라 한국어를 정확하게 발음하려고 애쓴다. 한국어 학교에서 제대로 배운 외국인은 한국인들이 '빗이, 빛이, 빚이'를 모두 똑같이 [비시]라고 발음하는 것을 듣고는 고개를 갸우뚱하며 질문한다. '어학당에서 [비시], [비치], [비지]라고 배웠는데, 선생님한테 속은 건가요?'

덧: 비타민은 영어 vitamin이다. 미국이나 영국 양쪽 다 철자는 같지만, 발음은 다르다. 영국인은 '비타민['vɪtəmɪn]'이라고 하고, 미국인은 '바이타민['vaɪtəmən]'이라고 한다. 어느 한쪽이 맞고 다른 쪽이 틀린 것이 아니고, 두 발음이 다 사용되고 있는 것이다. 흥미로운 것은 미국인은 '바이타민'을 영국인은 '비타민'을 고집한다는 점이다. 추측하건대 내심 '자기네가 맞아'라는 주장이 깔려 있다. 영어 알파벳 Z의 발음도 마찬가지다. 미국식 영어가 퍼지면서 요즘은 한국인들도 '지[ziː]'라고 발음한다.

'MZ세대'는 '엠지세대'라고 발음한다. Z를 [지]라 발음하는 건데, 기성세대에게는 다소 생경하고 어색하다. 영어 배울 때 'Z[제트]'라고 배웠고, 즐겨보던 만화도 '마징가 제트'였기 때문이다. 그래도 대세가 [지]인가 보다 하고 억지로 흉내를 내봐도 영 입맛이 떨떠름했는데, 언젠가 회화 수업 시간에 영국 캠브리지 영어 발음을 구사하는 선생님이 '제트[zéd]'라고 발음하는 것을 듣고 [제트]에 대한 자신감을 회복했다. 마징가 제트 만세!

영어에는 발음이 있다. 영미인뿐만 아니라 영어를 배우는 사람은 원어민 발음을 흉내 내느라 입이 바쁘다. 발음에는 영국식도 있고 미국식도 있다. 영국인과 미국인이 자기 쪽 발음을 고수하기 때문이다. 일본인도 마찬가지다. 일본어로 다리를 '[하시](橋: はし)'라고 하는데, '큰 다리'는 '[오오하시](大橋: おおはし)'라고 하지만, 도쿄에 있는 '[니혼바시](日本橋: にほんばし)'와 오사카에 있는 '[신사이바시](心斎橋: しんさいばし)'처럼 '[바시](ばし)'라고 발음하는 것도 많다. 철자는 같아도 발음은 [하시]와 [바시]로 구분해야 한다. 한국어에도 발음이 있다. 우리도 한국어 발음을 정확히 하고 지키고 주장하고 고집해야 한다.

된소리 사랑

우리말에는 된소리가 많다. 된소리는 후두 근육을 긴장하면서 기식이 거의 없이 내는 자음으로 ㄲ, ㄸ, ㅃ, ㅆ, ㅉ 따위의 소리로 적는데, 꼭두각시, 따오기, 뻐꾸기, 싸라기, 찌개 등처럼 쓰인다. 그런데 한국인은 예사소리인 가짜, 고추, 닦어, 볶아, 소주, 주꾸미 등도 [까짜], [꼬추], [따꺼], [뽀까], [쏘주], [쭈꾸미] 등으로 된소리를 내어 표기마저 까짜, 꼬추, 딲어, 뽂아, 쏘주, 쭈꾸미 등으로 헷갈리게 적는다. 이런 된소리 사랑은 외래어에도 어김없이 적용된다.

짬뽕은 일본어 '찬퐁(ちゃんぽん)'에서 왔다. 찬퐁은 일본 나가사키에 있는 중국 음식점 '시카이로(四海樓)'에서 시작됐다. 처음에는 중국 우동이란 뜻의 '시나우동(支那饂飩)'이었다가 '찬퐁'이 되었다. 고기, 해산물, 채소 등 여러 재료가 섞인 것을 보고 '섞다'는 뜻의 일본어 'ちゃんぽん(찬퐁)'을 썼다고도 하고, 중국어로 '밥 먹었느냐'는 '츠판(吃饭)'의 푸젠(福建)지방 사투리 '차폰'에서 왔다는 설도 있다.

'찬퐁'이 바다를 건너 한반도에 상륙했는데, 한국인은 희멀건 국물에 달짝지근한 맛이 나는 찬퐁에 매운 고춧가루를 가미해 국물을 빨갛게 만들었고, '찬퐁'보다 세게 '짬뽕'이라 부른다. 서양의 밀가루 떡(?)을 일본인은 '팡(パン)'이라고 한국인은 '빵'이라고 하는 것에서도 한국인의 된소리 사랑(?)을 확인할 수 있다. 이런 증상은 양국의 외래어 발음을 비교

하면 쉽게 파악할 수 있다.

영어	일본어	한국어
back	バック(밧쿠)	백(백)
battery	バッテリー(밧테리)	빳떼리(배터리)
building	ビルディング(비루딩구)	삘딩(빌딩)
double	ダブル(다부루)	따블(더블)
dollar	ドル(도루)	딸라(달라)
gas	ガス(가스)	까스(가스)
salary man	サラリーマン(사라리만)	쌜러리맨(샐러리맨)
size	サイズ(사이즈)	싸이즈(사이즈)

일본어 칸의 괄호 안은 한글로 일본어 발음을 표기한 것이고, 한국어 칸의 괄호 안은 외래어 표준 표기다.

한국인은 된소리를 사랑한다. 물론 우리말에는 등불[등뿔], 봄바람
[봄빠람], 발달[발딸], 발전[발쩐], 불법[불뻡], 색정[색쩡], 역설[역썰],
작살[작쌀], 촛불[초뿔, 촌뿔], 콧등[코뜽, 콛뜽], 탈자[탈짜], 한자[한짜]
등등 자연스럽게 경음으로 소리 나는 말들이 많다. 면발을 [면발]이 아
닌 [면빨]로 발음하는 것도 자연스러운 경음화다.

쫄깃쫄깃 면발[면빨]이 끝내줘요!

'쫄깃쫄깃'의 '쫄'은 본디 경음이고, [면빨]은 자연스러운 경음화다.

철자는 바뀌지 않으므로 같은 조건을 지닌 '사진발, 화장발, 조명발, 말발, 끗발' 등도 [사진빨], [화장빨], [조명빨], [말빨], [끗빨] 등처럼 된소리가 난다. 그래서 외국인들은 한국어는 강하다(?)고 느낀다. 잊어서는 안 될 것은 표기까지 쌍자음이 되지는 않는다는 점이다.

따라서 본디 쌍자음이어서 된소리인 것과 불필요한 된소리를 구분해야 한다. 소주와 주꾸미는 표기대로 순하게 [소주], [주꾸미]라고 소리 내는 게 맞다. [쏘주], [쭈꾸미]라고 하면 애당초 예사소리를 표기하는 ㅅ과 ㅈ은 필요가 없다. 골프(꼴프가 아니다.) 잘 치려면 어깨 힘을 빼라고 하듯이 입술 힘을 빼고 부드럽게 발음한다!

김 과장님, 오늘 저녁에 [주꾸미] [보끔]에 [소주] 한잔 하시죠.

반면에 된소리를 예삿소리로 내 당황스러운 경우도 있다. 2022년 12월 폭설로 고립된 버펄로에서 한국인 관광객에게 '잠자리'를 제공한 현지 치과의사 알렉산더 캄파냐의 소식을 전한 기자가 [잠짜리]가 아닌 [잠자리]를 제공했다고 발음했다. 눈 속에 갇힌 사람들에게 웬 잠자리를? 고추잠자리였을까?

왕릉에 가면 봉분 앞에 한자 '丁(정)' 자 모양으로 지은 집 '정자각'이 있는데, 많은 해설사가 [정자각]이라고 소개한다. 정자각의 발음이 [정짜각]임을 몰라서 하는 실수인데, [정자각]이라고 하면 '생물의 수컷의 생식 세포'를 모아 놓은 집이 된다. 조선시대 왕실에서 탯줄을 보관했다는 것은 알고 있었지만, 정자까지?

어떤 일을 이루기 위해 애쓰는 힘을 뜻하는 '안간힘'의 발음은 본디 [안깐힘]이었다. 그런데 2018년 국립국어원이 [교과서/교꽈서], [효과/효꽈], [관건/관껀], [불법/불뻡], [분쑤/분수], [함쑤/함수], [점쑤/점수] 등과 함께 [안깐힘/안간힘]을 복수 표준음으로 인정했다. 이유는 현실 발음을 반영한 것일 텐데, 이러한 조치를 환영한 사람들도 많겠지만, 오랫동안 학교에서 배운 대로 [교과서, 효과, 관건, 불법, 분쑤, 함쑤, 점쑤, 안깐힘] 등으로 발음하기 위해 [안깐힘]을 썼던 범생이들은 허탈했다. '그걸 다 허용했다고?'

[서결]에 한 표

2023년 1월 중순, 후배 동우와 함께 강릉을 찾았다. 1년에 한 번쯤 둘이서 짧은 여행을 하곤 했는데 코로나 때문에 3년 만에 떠난 길이었다. 푸른 바다가 한눈에 들어오는 안목해변 벤치에 앉아 커피를 마시며, '우리 바로 눈앞이 푸른 바다다. 파도는 잔잔하고, 배 한 척 보이지 않는다. 동해 바다는 언제 봐도 가슴이 탁 트이는 느낌이지! 바람도 없고 날이 포근해서인지 해변을 걷는 사람들도 좀 있네.'라고 설명하며 오랜만에 찾은 바다를 즐기고 있었는데, 동우가 물었다.

동우: 형님, 윤석열 대통령 이름은 [서결]이 맞나요, [성녈]이 맞나요?

(동우는 우리말에 관심이 많아, 한글문화연대 발족 때부터 운영위원으로 활동하고 있으니 어느덧 20년을 훌쩍 넘겼다.)

저자: 글쎄, 내가 알기로는 [서결]이 맞는데, 대부분 [성녈]이라고 하지. 윤 대통령 후보 시절에 언론에서도 기사가 여러 번 났던 것 같은데, 그때 국립국어원에서도 '석'과 '열'이 별개의 단어가 아니라는 점에서 연음법칙을 적용한다고 설명했지.

동우: 그런데 왜 [성녈]이라고 하는 거죠?

저자: 언젠가 방송에서 어렸을 때부터 친구들이 그렇게 불렀다면서 그냥 [성녈]로 불러주면 좋겠다고 했지 아마.

동우: 원칙은 [서결]이라는 거지요?

저자: 원칙은 [서결]이지. 왜? 윤 대통령 이름 부를 일이 많니?

석열을 [서결]로 발음하는 것은 연음법칙이 적용되기 때문이다. 그런데 방송에서 [서결]과 [성녈]이 어지러이 교차하는 가운데 음의 첨가에 따라 [성녈]도 틀리지 않는다는 주장도 나왔다.

> 한자음 '석'의 받침인 안울림소리 'ㄱ'이 '열'의 첫소리인 울림소리 'ㅕ'의 영향을 받은 것이다. 그래서 받침인 안울림소리 'ㄱ'이 울림소리(콧소리)인 'ㅇ'으로 바뀌므로 앞소리를 닮아 결국 같은 계열의 'ㄴ' 이 덧들어가 [성녈]로 소리 나게 된다. (동아일보, '윤 석열 발음', 통일 필요하다[내 생각은/전홍섭], 2022. 3. 16.)

그런데 ㄴ 첨가는 표준발음법에 "합성어 및 파생어에서, 앞 단어나 접두사의 끝이 자음이고 뒤 단어나 접미사의 첫음절이 '이, 야, 여, 요, 유'인 경우에는, 'ㄴ' 음을 첨가하여 [니, 냐, 녀, 뇨, 뉴]로 발음한다."라고 규정되어 있고, 막-일[망닐], 색-연필[생년필], 식용-유[시굥뉴], 늑막-염[능망념] 등을 예로 들고 있다.

어문 규정에서 표준 발음을 제시하고 있어도 다양한 의견은 있을 수 있다. 하지만 ㄴ 첨가가 일어날 수 있는 경우는 합성어. 합성어가 아닌 '석열'은 ㄴ 첨가가 아닌 연음법칙을 적용해 [서결]로 발음한다는 국립국어원의 답변에 한 표를 던진다. '석열'을 [성녈]로 발음한다면 '석유'도 [성뉴]로 발음해야 하지 않을까! 그러면 과일 석류[성뉴]하고도 헷갈릴걸!

내가 가진 모든 것을 네게 주고 싶었는데

1983년에 '한마음'이 발표한 '가슴앓이'란 노래 가사에 "내가 가진 모든 것을 네게 주고 싶었는데"라는 대목이 나온다. 당시 한마음은 '내'와 '네'를 [내]와 [네]로 구분해서 노래했는데, 2002년 지영선이 다시 부른 '가슴앓이'에서는 '내'와 '네'의 구분이 사라졌다. '내가 가진'의 '내'와 '네게 주고 싶었는데'의 '네'가 [내]로 똑같다. '자기'가 가진 모든 것을 '자기'에게 주겠다니, 전혀 감동적이지 않다.

'내'는 '나'에 '가'가 붙은 형태로 '내가 먹었어.'처럼 쓰고, '네'는 '너'에 '가'가 붙은 형태로 '네가 먹었어.'처럼 쓴다. 책임을 지지 않으려고 서로 미루는 모양을 뜻하는 '내 미락 네 미락'이라는 속담이 있다. 사건·사고가 났을 때, '소방과 경찰이 또는 경찰과 검찰이 내 미락 네 미락했다.'처럼 쓰는데, 발음은 당연히 [내] 미락 [네] 미락이다.

국어사전에 따르면, ㅐ는 'ㅏ'와 'ㅣ'를 어울러 쓴 글자로, 발음할 때는 혀를 'ㅏ' 소리를 내는 위치보다 조금 높은 자리에서 약간 내밀고 입을 약간 크게 벌려 숨을 내쉬어 낸다. ㅔ는 'ㅓ'와 'ㅣ'를 어울러 쓴 글자로, 발음할 때는 혀를 'ㅓ' 소리를 내는 위치보다 조금 높은 자리에서 약간 내밀고 입을 보통으로 벌려 숨을 내쉬어 낸다. 설명이 다소 복잡한데, ㅐ와 ㅔ를 발음할 때, ㅐ는 입을 크게 벌리고 ㅔ는 그보다 작게 벌리면 확실히 다른 소리가 난다.

그런데 이걸 구분해 발음하는 게 쉽지 않았나 보다. '네'를 [내]로 발음하니, 말하는 사람, 듣는 사람 모두 헷갈렸는지, '너가 먹었어', '니가 먹었어' 등이 나와 대세를 이뤘다. '니가'를 경기도 방언으로 보기도 하지만, 영화 '친구'의 명대사 "니가 가라 하와이"를 보면 꼭 그런 것 같지도 않다. 슈퍼주니어의 '니가 좋은 이유', 쥬얼리의 '니가 참 좋아', 영탁의 '니가 왜 거기서 나와' 등등에 이르면 '네가'는 끝났다고 봐야 할 것 같고, 속담 '내 미락 네 미락'도 '[내] 미락 [니] 미락'이라고 해야 할 것 같다!

1980년대까지만 해도 'ㅐ'와 'ㅔ'는 소리가 달랐다. 한마음뿐만 아니라 사람들도 대체로 구분해서 발음했다. 그러던 것이 30여 년 사이에 차이가 흐려지고 구분이 모호해졌다. 소리가 다르다는 인식이 옅어졌거나, 몰라서 혹은 편하게 발음하는 사이에 소리가 같아졌다. '네'도 [내]가 되었고, '게'도 [개]가 되었다. 간혹 '울진에 [개] 먹으러 가자.'고 전화하는 친구가 있는데, 멍멍이가 아니고 옆으로 걷는 '게'다.

국어학자조차도 머지않아 발음상 'ㅐ'와 'ㅔ'의 구분은 사라질 것이라고 하지만, '에? ㅔ 발음이 그렇게 어렵나?' 하고 반문하고 싶다. 문제는 무관심이다. 발음 틀려도 뜻만 통하면 된다고 생각하는 사람도 있다. 외국어 학습에 임하는 태도와는 180도 다르다. 원어민처럼 발음하기 위해 연습하는 시간의 10분의 1만 투자해도 'ㅐ'와 'ㅔ' 정도는 간단히 구분해 발음할 수 있지 않을까? 참으로 아쉬운 대목이다.

예전부터 내 곁에 있는 듯한 네 모습에

내가 가진 모든 것은 네게 주고 싶었는데

골목길을 돌아서 뛰어가는 네 그림자

동그랗게 내버려진 나의 사랑이여

아 어쩌란 말이냐

임·솔·아·입니다

한글날이 다가오면 바빠진다. 방송을 비롯해서 전국의 도서관, 평생 학습관, ○○모임 등으로부터 강의 요청을 받는다. 2020년 한글날에는 '2020 한글주간' 행사 중 하나인 비대면 이야기 공연에 참가했다. 이재 용 아나운서의 사회로 '한글, 언어의 품격을 말하다'라는 주제에 대해 김창옥 교수, 임솔아 작가와 환담했다.

얘기 도중 임 작가가 자기 이름은 '임솔아'인데 사람들이 '소라'로 오 해한다는 얘기를 하면서 [임·솔·아·입니다]라고 한 글자씩 끊어서 또 박또박 발음했다. [임소라]라고 하면 '임소라'로 생각하는 독자들이 있 어서 특히 '솔'을 강조했다. 물론 그럴 수 있지만 생각해 볼 내용이 있다.

한국인의 이름은 마지막 이름자가 임 작가처럼 받침이 없는 경아, 영 희, 상미, 동규, 명수, 하나, 보라 등으로 끝나거나 받침 있는 재환, 창옥, 재용, 한결, 용관, 한상 등으로 끝난다. 그래서 이름을 소개할 때 차이가 발생한다. 김창옥 교수처럼 받침 있는 이름은 [김창옥임니다]라고 한다. '옥'과 '입'이 붙지 않고 '입'만 [임]이 된다. 이 경우 이름의 발음은 항상 동일하게 유지된다. [정재환임니다]라고 발음해도 '정재환'은 멀쩡하다.

반면 임솔아 작가처럼 받침 없는 이름은 변화가 생긴다. '솔'의 ㄹ은 뒤로 넘어가고, 뒤의 '입'은 앞으로 붙어 [임소람니다]가 된다. 이렇게 말해도 '임소람'이라고 생각하지는 않고 '임소라'라고 생각한다. 따라서 임 작가가 이름의 '솔'을 강조하는 것은 타당하다. 그렇지만 [임·솔·아·임니다]처럼 글자 사이를 띄어서 발음하는 것은 전통적인 발음법에서 벗어난다.

해체 후 40년 만인 2022년 날아오른 록밴드 송골매 콘서트 '40년 만의 비행'은 대성황이었다. 수천 관중이 들어찬 무대에서 칠순이 된 송골매가 인사를 한다. 안녕하세요? [송골맴니다]. [송골매·임니다]가 아니고, [송골맴니다]라고 했다. '배철수의 음악캠프'를 듣는 분들은 '안녕하세요? [배철숨니다].'라는 인사에 익숙할 것이다. 구창모 님 역시 '안녕하세요? [구창몸니다].'라고 인사한다.

우리말은 받침 유무에 따라 달라지는 게 많다. '부산은 아름답다.'라는 문장에서 주어 부산 다음에 오는 조사는 '은'이지만, '여수는 아름답다.'라는 문장에서는 여수 뒤에 조사 '는'이 온다. '부산을 사랑한다.'에서 부산 뒤에 '을'이 왔지만, '여수를 사랑한다.'에는 '를'이 왔다. '멋진 부산입니다.'나 '멋진 여수입니다.'의 부산과 여수 뒤에는 똑같이 '입니다'가 왔지만, 발음에 변화가 생긴다. '멋진 [부산임니다].'는 '부산'이 멀쩡하지만, '멋진 [여숨니다].'에서는 '수'와 '입'이 붙어 '숨'이 된다. 그래도 '여숨'이 아니고, '여수'라는 것을 잘 안다. 이게 전통적인 우리말 발음법이다.

그러므로 임솔아 작가 이름은 [임소람니다]라고 하는 게 맞다. 그래도 '라'와 '입니다'는 자연스럽게 분리된다. 물론 '임솔아' 경우에는 '소라'가 아닌 '솔아'를 분명하게 하기 위해 가운데 글자가 '솔'이라는 것을 설명할 필요가 있다. 그런데 요즘 임 작가뿐만 아니라 대부분의 10~40

대가 [아무개·임니다]라고 이름을 말한다. [아무갬니다]가 언제 [아무개·임니다]로 바뀌었을까?

30년쯤 전부터 어린이 프로그램에 출연하는 어린이에게 리허설을 하면서 피디나 작가가 이름을 말할 때 또박또박 끊어서 하라고 요구하고 가르쳤다. '안녕하세요? 저는 덕수초등학교 2학년 [김영희·임니다].' 방송의 위력은 대단해서 학교, 학원 등으로 번졌고, 시청자도 학습했다. 어쩌면 이제는 이름자를 끊어서 말하는 게 맞고 정확하고 좋다고 생각하는 이들이 많을지 모른다. 그런데 전통적인 우리말 발음법은 이름뿐만 아니라 폭넓게 적용된다.

'어디서 일하세요?'
[동아시아역사연구소·임니다], [동주민센터·임니다], [경찰서·임니다]
→ [동아시아역싸연구솜니다], [동주민센텀니다], [경찰섬니다]

'고향이 어디세요?'
[여주·임니다], [광주·임니다], [샌프란시스코·임니다]
→ [여줌니다], [광줌니다], [샌프란시스콤니다]

'직업이 뭔가요?'
[의사·임니다], [요리사·임니다], [국어 교사·임니다]
→ [의삼니다], [요리삼니다], [구거 교삼니다]

'좋아하는 음식은 뭔가요?'

[불고기 · 임니다], [김치말이국쑤 · 임니다], [고등어구이 · 임니다]

→ [불고깁니다], [김치마리국쑵니다], [고등어구입니다]

일본어에는 'でわない(데와나이: 아니다)'를 'じゃない(쟈나이)'로 줄이고, '言ってしまった(잇테시맛타: 말하고 말았다)'를 '言っちゃった(잇챳타)'로 줄이는 등 앞뒤 말을 붙여 짧게 경제적으로 발음하는 경향이 있다. 영어에도 do not을 don't, going to를 gonna, she has를 she's로 발음한다. going to라고 해도 되지만, gonna를 강요하는 영미인도 있다. 그런데 무슨 영문인지 우리는 [그념니다]를 [그녀 · 임니다]로 발음하면서 반대로 가고 있다. 언어는 변한다. 변화 속에서 새것이 나오며 성장한다. 하지만 변화가 다 좋은 것은 아니다. 전통적인 발음법을 경시하는 변화는 바람직하지 않고, 잘못된 교육은 더더욱 걱정스럽다.

덧: [그녀임니다]가 대세지만, 희망은 있다. 와이티엔(YTN) 원이다 기상캐스터는 보도 말미에 인사를 하면서 항상 '지금까지 와이티엔 [워니담니다].'라고 발음한다. 젊은 그녀가 어떻게 우리 전통적인 발음법을 알았을까? 추측하건대 회사 안 누군가가 [워니다 · 임니다]가 아니고 [워니담니다]라고 해야 한다고 알려주었을 것이다. 혹시 이광연 앵커 아닐까? [워니담니다]가 궁금한 분은 유튜브에서 '원이다'로 검색하면 바로 확인할 수 있다.

3장

기묘한 우리말

20년 전쯤 거주하던 아파트 지하 주차장에는 "애완견의 배설물 행위를 절대 하지 맙시다."라는 안내문이 붙어 있었다. 무슨 말인지는 이해했지만 비문이 었다. 게다가 이 글은 애완견이 직접 봐야 한다. '배설물 행위'는 '배설 행위' 겠지만, 배설하지 말라니, 너무 가혹하다.

골이 따분한 성격

과거에는 숙제장이나 일기 등에 글을 써서 자신과 극소수의 사람만 볼 수 있었는데, 컴퓨터와 인터넷의 등장으로 판도가 바뀌었다. 1990년대 인터넷 사용자들은 천리안이나 하이텔 등에서 맘껏 글을 쓰기 시작했는데, '도라가는 삼각지'나 '일거 보니 재밋다' 등을 보면서 나만 틀리는 거 아니니 부끄러운 일이 아니라고 자위(?)하면서 자유로운 글쓰기가 만연케 되었다.

요즘에는 인터넷 카페, 블로그, 카카오톡, 페이스북 등 누리소통망서비스(SNS)에 여행기, 먹방, 자동차, 정치 평론, 경제 전망, 운동, 건강, 등산, 낚시, 반려동물, 일상 등등 분야를 가리지 않고 글이 올라오는데, 읽다 보면 재야에 고수들이 무척 많다는 것을 깨닫게 되지만, 역시 기기묘묘한 맞춤법에 눈길이 머문다.

> 여: 그러니까요 ㅋㅋ 카톡이 편하죠.
> 남: 신뢰지만 나이가 어떻게 되요?

매우 정중한 말씨로 점잖게 상대를 웃기는 것을 보면 고수다. 그냥 웃고 넘어가기도 하지만, 간혹은 진지하게 걱정하는 사람도 있다.

'신종 맞춤법 파괴...'까지 '나무랄 데 없이' 완벽한 것을 보면, 맞춤법에 관심이 많은 분인데, "또 하나의 충격적인 맞춤법을 보았다."며 '골이따분한 성격'의 소유자를 진정으로 걱정한 우리말 지킴이도 있었다. 맞춤법 얘기하면 '고리타분하다'고 타박도 하지만, '갈수록 미모가 일치얼짱'에 이르면 박장대소를 아니 할 수 없다.

사자성어쯤 몰라도 된다고 자위하는 순간 '소 잃고 뇌 약간 고친다.'라는 신종 속담에 뒤통수를 맞는다. 농사 경험이 없어서 모를 수 있지만, 세상 모든 일을 직접 경험하지는 않는다. 영화나 드라마에 나오는 강도 살인이나 치정에 얽힌 살인 사건 등을 직접 경험해야 알 수 있다면 벌써 저세상에 갔거나 철창 안에 쪼그리고 앉아 있을 것이다.

누리소통망서비스에는 먹음직스러운 요리가 듬뿍 담긴 사진과 함께 '치맥은 역시 대구, 영덕 대게 대박, 곱창은 곱 터지는 군산 순돌이, 보기만 해도 흥분되는 빨간 국물에 빠진 꾸덕꾸덕하고 쫀득한 밀떡' 등등 침을 꿀꺽 삼키게 하는 글도 많다. '소확행'을 느낄 수 있는 일상의 기록이자 맛집에 대한 열렬한 응원이어서 좋지만, "이번에 가본 맛집은 너무 맛있어서 그 맛을 '간음'할 수가 없었다."라는 후기에는 최소한 '19금 표시'를 해야 하지 않을까?

20년 전쯤 거주하던 아파트 지하 주차장에는 "애완견의 배설물 행위를 절대하지 맙시다."라는 안내문이 붙어 있었다. 무슨 말인지는 이해했지만 비문이었다. 게다가 이 글은 애완견이 직접 봐야 한다. '배설물 행위'는 '배설 행위'겠지만, 배설하지 말라니, 너무 가혹하다. '애완견의 배설물(똥)을 치워주세요.'라고 썼으면 좋았을 텐데, 문구 작성에 너무 고민하는 바람에 이상한 문장이 되었다. 다음은 온갖 사례가 총출동한 종합 선물 세트다!

> 어의업내요. 맞춤법 좀 틀린다고 공항장애니 바람물질이니 하시는 분들 지금 임신 공격하세요? 안그레도 수간신청 망해서 기분 않좋은데 일해라절해라 하지마세요. 대학나왔다고 맞춤법 잘 알 거라는 고정간염도 버리세요. 시럽계가려다가 오회말카드 마킹 잘못해서 입문계된거니까요. 님들이 비난하는 것도 어떤한 사생활치매거든요? 맞춤법보다는 아동확대, 덮집회의 안 하는 여자 등 다른 이슈에 간심을 가지는 게 낳을듯요.

바람을 피우는 물질, 임신부에 대한 공격, 코로나보다 무서운 고정 간염, 사생활 치매는 위험하고 폭력적이지만, 글의 흐름은 조리정연하다. '덮집회의' 안 하는 여성에게 강력한 화살을 날린 것을 보면 남자가 쓴 글인 것 같은데, 몰라서 이렇게 썼다면 중증일 수 있지만, 의도를 갖고 썼다면 우리말 천재(?)일지도 모른다.

이렇게 구부러지고 비틀어진 글을 쉽게 볼 수 있는 이유는 무지라기보다는 무관심 때문이다. 맞춤법은 까다롭고 어려운 내용이 많아 누구나 실수도 하고 틀릴 수도 있지만, 관심과 애정이 있다면 이 정도로 심각하게 망가지지는 않을 것이다. 무엇보다도 걱정스러운 것은 맞춤법을 경시하는 풍조다.

일제강점기 조선어 말살 정책에 맞서 우리말을 지키기 위해 투쟁한 조선어학회는 '한글 맞춤법 통일안(1933)', '사정한 조선어 표준말 모음(1936)', '외래어 표기법 통일안(1940)' 등 민족어 3대 규범을 만들어 우리말을 근대적 체계를 갖춘 언어로 정립했다. 불편하고 어려우니 없애자는 것은 무질서한 전근대로 돌아가자는 무책임한 주장이며 저항과 투쟁의 역사, 언어 근대화의 역사를 부정하는 것이다.

어색한 '~실게요'

정확한 시기를 기억할 수 없지만, 아마도 10년은 넘은 것 같다. 허리가 아파 동네 한의원에 침을 맞으러 갔는데, 의사도 간호사도 아주 친절했다. 병의원도 서비스업이라더니 참 많이 좋아졌다. 그런데 간호사의 상냥한 말씨는 뭔가 이상야릇했다.

간호사: 이쪽으로 누우실게요.

저자: 네?

간호사: 이번에는 오른쪽으로 돌아누우실게요.

저자: 네?

간호사: 바지를 내리실게요.

저자: 네?

간호사: 침 맞으실게요.

저자: 네?

간호사: 15분 동안 가만히 계실게요.

저자: 네?

간호사: 이제 일어나실게요.

저자: 네?

얼떨결에 시키는 대로 하고 고분고분 침도 맞았지만 아무래도 이상했다. '다음 분 들어오실게요.' '내일 다시 오실게요.' 이 '~실게요'라는 표현이 개그 프로그램에서 유행어가 되면서 널리 퍼졌다고 하는데, 아마도 서비스업에서 먼저 시작했을 거다. 추측이지만 직원들에게 경어 교육을 세게 하다가 이런 사달이 난 것 같은데, 손님에게 친절하고 정중하게 경어를 써야 하는 것은 필요하지만 단추를 잘못 채웠다.

'-ㄹ게'는 "곧 연락할게" "먼저 갈게"처럼 어떤 행동에 대한 약속이나 의지를 나타내는 것으로 1인칭 주어와 호응한다. 여기에 청자 존대의 의미를 나타내는 '-요'를 붙이기도 한다. 그런데 자신의 행위에 대해 '-시-'를 넣어 높일 수는 없으므로 '-ㄹ게'는 높임의 '-시-'와는 어울리지 않는다. (서울신문, 똑똑 우리말 "사진 찍고 가실게요", 2020. 5. 20.)

'ㄹ게요'는 자신의 의지를 나타낼 때 쓰는 말이다. '제가 노래 한 곡 할게요.' '바지 내릴게요.' '곧 청소할게요.' '공부할게요.'라는 표현은 가능하지만, 'ㄹ게요'에 '시'를 붙이면 자신을 높이는 셈이라 아니 되고, 남의 의지나 생각을 대신 말할 이유도 없으므로, '이거 드실게요.' '일어서실게요.' 등은 괴기스럽다. 걱정할 건 없다. 우리말 비타민 한 알이면 '이거 드세요.' '일어서세요.'라는 말이 자연스럽게 나올 것이다.

사실 과거에는 그렇게 말했다. 말은 시대에 따라 변한다고도 하지만, 규범을 존중해야 하고 가능하면 좋은 쪽, 긍정적인 방향, 아름다운 미래를 향해 변화해 가야 한다. 이상야릇한 어법이 전통적인 어법을 대체하는 건 불편하고, 우리말 질서를 교란하므로 바람직하지 않다. 손님이나 환자를 친절하게 대하고 모시려는 생각과 의도는 좋지만, '안녕히 돌아가실게요.'는 곤란하다.

🔲 사물 존대

'~실게요'에 버금가는 엉터리 높임말 '사물 존대'는 높이는 대상이
사람이 아닌 사물이다.

> 아메리카노 1잔 4,500원이십니다.
> 커피 나오셨습니다.
> 거스름돈 6,000원이십니다.
> 화장실은 2층에 있으십니다.

손님을 높이려고 '시'를 넣었겠지만, 엉뚱하게도 아메리카노, 커피,
거스름돈, 화장실을 높였다. 이거 심상치 않은데! 아니나 다를까, 사물
존대는 순식간에 나라를 뒤덮었고, 전국 어디서나 '커피 나오셨습니다.'
'설렁탕 나오셨습니다.' '깍두기 나오셨습니다.'라는 말을 듣게 되었다.
어느 날 카페에서 커피를 주문하니, 아니나 다를까 직원이 '아메리카노
4,500원이십니다.'라고 했다. 그 순간 나도 모르게 장난기가 발동했다.

> 여기 4,500원이십니다. 4,000원은 지폐이시고요, 500원은 동전이십니다. 화장실
> 은 어디에 계실까요?

순간 직원은 당황한 빛이 역력해 보였다. '갑분싸'는 좋지 않다. 나는 즉각, "요즘 어딜 가나 '나오셨습니다, 5,000원이십니다.'라고 해서 흉내 한 번 내 본 거예요. 그나저나 큰일이네요. 사람들이 우리말을 이상하게 써서... 저한테는 그냥 '커피 나왔습니다.'라고 하면 돼요."라고 말하며 황급히 상황을 수습했다.

방어할 틈도 없이 사물 존대가 널리 퍼지자, 사후약방문 격으로 신문과 방송 등에서 문제를 지적하며 '아메리카노 1잔 4,000원입니다, 커피 나왔습니다, 거스름돈 6,000원입니다, 화장실은 2층에 있습니다.'라고 하는 게 맞다고 목소리를 높였고, 한글문화연대에서는 '커피 나오셨습니다-사물존대의 논리'라는 영상을 제작했다.

(최상의 교통수단 자동차, 여성을 빨래라는 고된 노동에서 해방시켜 준 세탁기, 에티오피아 고원에서 자란 커피는 위대하다는 해설이 끝나고 장면은 카페로 넘어간다.)
커피 나오셨습니다. 이쪽이 라테이십니다.

(자동차 영업소)
엔진은 터보이시고요, 타이어는 광폭이십니다. 새 모델이시거든요.

(가전제품 매장)
이 세탁기는 통이 넓으시고요, 흔들림이 전혀 없으십니다.

('연회비 없으신 카드시구요.' '백세까지 보장되시는 보험이십니다.' '인터넷과 결합되신 상품

이십니다.' 등등 사물 존대어가 화면을 가득 채우고, 같은 카페 직원이 다시 등장해 '아, 커피가 제 시급보다 더 비싸거든요.'라고 의미심장하게 말한 다음 마지막 해설로 이어진다.)

그들에게 진심을 담아 존대합니다. 커피 나오셨습니다!

한동안 서비스업계에서 잘못을 바로 잡는다고 '우리말 바로 쓰기 캠페인'을 벌이기도 했으나, 문제는 개선되지 않았다. '커피 나오셨습니다.'라는 말이 이미 입에 배어 힘들지도 않고, 편하다는 서비스업 현장 근로자의 목소리도 있었지만, 어느 날 큰맘 먹고 '커피 나왔습니다.'라고 했더니, 감히 손님한테 반말을 한다며 소리를 지르며 진상을 떤 고객도 있었단다. 아무래도 그 인간은 자신과 사물을 동급으로 생각하는 것 같다.

영어와 일본어를 교환하는 온라인 모임에서 만난 일본 여성 하나 씨에게 일주일에 한 번 한국어를 가르치고 있다. 온라인이 아니면 불가능하니, 컴퓨터와 인터넷의 발달에 감사한다. 하나 씨는 초급자지만, 인사말 '안녕하세요?'는 이미 알고 있었다. 하나 씨를 기쁘게 한 것은 아침, 점심, 저녁 구별 없이 '안녕하세요?' 하나면 된다는 점이었다.

영어에 굿 모닝, 굿 에프터눈, 굿 이브닝 3가지 표현이 있는 것처럼, 일본어에도 오하요고자이마스(おはようございます), 곤니치와(こんにちは), 곰방와(こんばんは) 등 3가지 인사말이 있다. 그래서 하나 씨는 언제나 '안녕하세요?' 하나만 쓰는 한국어에 고마워했다. 그런데 '잘 지내요?', '별일 없어요?', '아무 일 없지?' 같은 표현이 따라오는 것은 어려워했다.

이처럼 우리는 거듭 상대의 안부를 물으며 관심과 애정을 아끼지 않는다. '일은 잘 돼?', '공부 잘하니?'라고 물으면, 이제 인사말 수준을 웃도는 것이어서 어떻게 대답해야 할지 난감해지기도 하지만, 일상적으로 주고받는 인사말에서 사랑이 철철 넘치는 우리말을 실감한다. 헤어질 때도 '좋은 하루 되세요.' '즐거운 하루 되세요.' '좋은 밤 되세요.' '편안한 밤 되세요.' '행복한 밤 되세요.' '굿 밤 되세요.' 등 상대의 남은 하루나 밤 시간까지 살뜰히 챙기는 마음을 보여준다. 언젠가 인터넷에 배우

손예진의 인사말이 올라왔다.

해브 어 굳 데이(Have a good day · 좋은 하루 되세요) (머니투데이)

해당 기사에 손예진이 썼다는 '해브 어 굳 데이'가 보이지 않아 정확한 사실을 파악하기 어렵지만, 손예진이 쓴 것은 '해브 어 굳 데이'이고, 기자가 독자의 이해를 돕기 위해 'Have a good day · 좋은 하루 되세요'라고 설명을 단 것 같은데, Have a good day를 '좋은 하루 되세요'라고 번역했다. 영어 화자들이 have를 써서 '좋은 하루를 가지라.'라고 인사하는 것이 영 어색했지만, 그들의 언어 사용에 감 놔라 대추 놔라 할 수는 없다.

20년 전 외환 위기의 터널을 빠져나올 때 심금을 울렸던 '부자 되세요'라는 광고가 있었다. 함박눈이 펑펑 내리는 설원을 배경으로 탤런트 김정은이 '여러분, 모두 부자 되세요. 꼭이요!'라고 외친다. 김정은의 소원대로 비씨카드 사용자들은 부자가 되었을까? 김정은하고 비씨카드만 부자가 된 건 아니겠지? 모두는 아니겠지만 위기를 극복하고 부자가 된 사람이 있었을 거다. 여러분, 즉 우리는 부자가 될 수 있다!

부모는 아이에게 '커서 착한 사람이 되어라.'라고 당부한다. 주어를 넣으면, '너는 커서 착한 사람이 되어라.'이다. 아이가 커서 나쁜 사람, 도둑놈, 깡패, 치한, 악당, 사기꾼, 마약 판매상이 되는 것을 바라는 부모는 없다. 뭔가 좋은 일은 하면서 주위에 좋은 영향을 주는 '착한 사람'이 되기를 바란다. 자식들도 '착한 사람'이 되고 싶어 한다. 어릴 적부터 커서 나쁜 놈이 되겠다고 생각하는 싹수가 노란 어린이는 없을 것이다.

너는 커서 착한 사람이 되어라 → 너 = 착한 사람

역시 '좋은 하루 되세요.'는 이상하다. '좋은 하루' 앞에 생략된 주어도 '너'이기 때문에 '너는 좋은 하루가 되어라.'라는 말인데, '너 = 착한 사람'은 될 수 있지만, 죽었다 깨어나도 '너 = 좋은 하루'는 불가능하다. 마찬가지로 '너 = 좋은 밤, 편안한 밤, 행복한 밤'도 불가능하다. 사실 '되세요'가 상대를 높이는 어법이긴 하지만, '좋은 하루 되세요.'는 실현 불가능한 요구이자 억지 명령이다.

'좋은 하루'나 '좋은 밤' 자리에 '브라보콘'이나 '오징어땅콩'을 넣으면 뭐가 잘못되었는지를 대번에 알 수 있다. '브라보콘 되세요.', '오징어 땅콩 되세요.' 마법을 부리지 않는 이상 사람이 브라보콘이나 오징어땅콩이 될 수 없는 것처럼 절대로 '좋은 하루, 좋은 밤'은 될 수 없다. '좋은 하루 보내세요(맞이하세요).', '편안한 밤 보내세요.'라고 해야 맞다. 지금 이 순간에도 문자, 카톡, 페북 메시지가 온다.

좋은 밤 되라.
편안한 밤 되세요!

.

.

주무시기 전에 우리말 비타민 좀 드세요!

무릎이 풍선처럼 부어올랐고, 찌르는 듯한 통증에 금방이라도 터질 것 같았다. 병원에 갔더니 연골이 모두 닳아 위아래 뼈가 닿기 시작했는데, 통증은 점점 심해지고, 다리가 휠 수도 있단다. 무시무시하게 뼈아픈(?) 얘기였다. 인공관절 수술은 70대 어르신들이나 하는 걸로 알고 있었는데, 젊었을 때 축구하다 다친 게 뼈아팠지만 시간은 돌이킬 수 없다.

　위아래 뼈를 잘라내고 인공관절을 박아 넣었다. 전신마취가 아니었는지, 전기톱이 윙윙 돌아가는 소리, 사각사각 뼈를 가는 소리가 들렸다. 다행히 아프지는 않다. 통증은 병실로 이동하고 마취가 깨면서 시작됐다. 나도 모르게 입에서 신음이 흘러나왔다. 다음날까지 뼈를 깎은 아픔을 끌어안고 끙끙거렸다. 주위에 알리지 않았는데도 친절한 이웃 아주머니께서 병원에 오셨다.

아주머니: 괜찮아요?

저자: 네, 견딜 만합니다.

아주머니: 이런 수술할 나이가 아닌데, 어쩌다가 이렇게 됐을까?

저자: 젊었을 때 축구하다가...

아주머니: 그놈의 축구, 좌우지간 남자들은 입만 열면 축구 얘기, 군대 얘기라니까요.

저자: 네?

아주머니: 여하간 돈을 잃으면 조금 잃은 거고, 명예를 잃으면 많이 잃은 거고, 건강을 잃으면 다 잃은 거다. 머니(money) 머니해도 건강이 최고예요.

저자: 네, 그렇죠.

아주머니: 정 박사님, 얼른 회복하시고, 건강하세요.

저자: 고맙습니다. 멀리 못 나가서 죄송합니다.

아주머니: 걷지도 못하면서 어딜 나와요?

한동안 따뜻한 격려 전화와 문자, 카톡, 페북 메시지를 받았다. 이구동성으로 하는 말씀은 '건강하세요.'였다. 한국인 열 중 아홉은 '건강하세요.'라며 가족과 친구, 이웃을 위해 날마다 기원한다. '행복하세요.'라는 말도 자주 한다. '오늘도 건강하시고 행복하세요.'라는 우리말에서 사랑이 넘쳐나지만 우리말 비타민이 필요하다.

'건강하다'나 '행복하다'는 형용사여서 명령형 어미를 붙이는 것은 비문법적이다. 다른 형용사를 보면 쉽게 이해할 수 있는데, '착하다'를 '착하세요.', '씩씩하다'를 '씩씩하세요.', '훌륭하다'를 '훌륭하세요.'라고 말하는 경우는 없다. '착하게 사세요.' '씩씩하게 자라라.' '훌륭한 사람이 되어라.'라고 말한다.

목욕탕에서 건장한 남자 가슴에 '차카게 살자'라고 새긴 문신을 봤을 때, 왠지 웃으면 맞을 것 같아서 이를 악물고 참았던 기억이 있다. 여하간 일관성을 유지하려면 '건강하게 지내세요.' '건강하시기 바랍니다.' '행복하게 사세요.' '행복하게 사시기 바랍니다.'라고 해야 한다.

영어에서도 동사는 'Move(움직여)'처럼 단독으로 쓰지만, happy는 형용사여서 be 동사를 붙여 'Be happy'라고 한다. '건강하세요.'와 '행복하세요.'가 비문법적이나 널리 쓰이고 있으니, 그냥 허용하자는 의견이 우세한 듯하다. 원칙을 따를 것인가, 예외를 둘 것인가?

　강아지 데리고 산책을 하다 보면 많은 사람을 만난다. 바쁘게 일하는 세탁소 아주머니와 눈이 마주치면 '안녕하세요?'라고 인사하면서 '바쁘시네요. 날씨가 좋네요.'라고 짧게 한두 마디를 건네다 '수고하세요.'라고 인사한다. 신안문구점 사장님에게도 '수고하세요.'라고 하고, 화서사랑채 해설사님께도 '수고하세요.'라고 인사한다.

　'수고'는 '일을 하느라 힘을 들이고 애를 쓴다.'라는 뜻이다. '수고를 끼치다.' '수고를 덜다.'처럼 쓰는데, 일상에서는 '수고하세요.'라는 인사말로 많이 쓴다. 직장에서는 퇴근하면서 남은 동료에게 '수고하세요.'라고 하고, 가게에서 물건을 사고 나오면서도 '수고하세요.', 커피숍에서 수다 떨다 나올 때도 직원에게 '수고하세요.'라고 인사한다. 곰곰 생각해 보면 적절한 인사말은 아니다.

> 할아버지, 수고하세요.
> 뭐? 수고하라고? 하루 종일 허리도 못 펴고 일하느라 힘들어 죽겠는데, 수고하라고?
> 괘씸한 녀석 같으니...

　할아버지가 이렇게 생각하지는 않으시겠지만, '수고하세요.'를 불편해 하는 한국인도 적지 않고, 한국어를 배우는 외국인들도 '수고하세

요.'라는 인사말에는 고개를 갸우뚱한다. 영어 화자들은 헤어질 때, '굿바이(Good bye)'나 '남은 시간을 즐기라'는 뜻의 'Enjoy the rest of your day.'를 쓴다. 일본인도 '수고하셨습니다.'라는 뜻으로 'お疲れ様でした(오츠카레사마데시타).'라고 하거나 '힘내라'는 뜻의 '頑張ってください(감밧테 구다사이).'를 써서 응원이나 격려의 뜻을 나타내기도 하지만, '힘들여 일하세요.'라고는 하지 않는다.

큰 의미를 두지 않는 일상적인 인사말이라고 생각할 수 있지만, 많은 사람이 불편해 하고 대체할 말이 없지 않다면 바꾸는 게 낫지 않을까? '먼저 실례하겠습니다.' '살살 하세요.' '너무 무리하지 마세요.' '조심히 하세요.'라고 해도 되지 않을까? 반드시 '수고'를 넣고 싶다면 지금까지 애쓰셨다는 뜻으로 '수고하셨습니다.'를 쓰면 어떨까?

김 여사님, 수고하셨습니다.

개판

'개판 오 분 전'이란 말도 있지만, 5분은 벌써 지났다. 애견인 가구가 급증하고 우리 집에도 강아지가 있지만, 동물 개 이야기가 아니다. 사람들이 접두사 '개'를 엄청 사랑한다. 예전에는 '개' 없이도 잘 살았는데, 이즈음 세태를 보면 "과연 '개' 없이 살 수 있을까, 어떤 표현이 가능할까?" 싶은 생각이 든다. 접두사 '개'는 본디 다음과 같은 뜻을 갖고 있다.

> '개철쭉', '개수작', '개망나니'의 '개-'는 '야생 상태의' 또는 '질이 떨어지는', '흡사하지만 다른', '쓸데없는' 등의 뜻을 더하는 접두사다. 부정적 뜻을 가지는 일부 명사 앞에 붙어 '정도가 심한'의 뜻을 나타내기도 한다. (서울신문, 똑똑 우리말, 접두사 '개-')

개떡은 가난한 시절에 먹던 맛과 질이 떨어지는 떡이고, 개꿈도 헛되고 쓸데없는 꿈을 뜻한다. 개자식은 욕이고, 개잡놈은 행실이 잡스러운 심한 잡놈, 개죽음은 가치 없는 죽음을 뜻한다. 이렇듯 '개'는 부정적인 맥락에 쓰는 접두사다. 그렇다면 비교적 등장한 지 꽤 된 '개무시', '개고생' 같은 말은 본디 지닌 뜻에서 벗어나지는 않았다. 그런데 근년에 쓰이는 '개'는 일탈이 심하다.

> '개꿀', '개이득', '개멋져' 등의 표현을 접한 건 몇 년 전이다. '매우', '정말로'라는 뜻으

로 '개-'가 쓰인 것이다... 명사 앞에서만 쓰이던 것이 동사, 형용사, 부사 등 품사를 가리지 않는다. 그에 더해 '개-'가 결합하는 순간 가볍고 재미있는 분위기를 만든다. 이런 추세라면 '개-'의 사전적 뜻풀이에서 '부정적'이란 표현이 사라지는 것도 가능하지 않을까. (위 같은 글)

이밖에도 '개'의 사용례는 많다. '개좋아, 개최고, 개많이, 개맛있어' 등등 이루 다 열거할 수 없을 정도다. 글을 쓴 오 기자님이 염려하듯 조만간 사전의 설명이 바뀔 수도 있다. 그렇지만 세 가지 문제는 짚고 싶다. 첫째, 부정적인 '개'를 긍정적인 '개'로 바꾸는 것이 적절하지 않다. 언중이 말의 주인이긴 하나, 주인이 늘 옳은 것은 아니다. 권한 남용이다. 둘째, 원칙이나 뜻풀이가 코에 걸면 코걸이 귀에 걸면 귀걸이 식으로 바뀌는 것은 혼란스럽고, 교육에도 나쁜 영향을 끼친다. 셋째, '개' 남용으로 인해 언어생활이 빈곤해진다. '개이득, 개좋아, 개많아, 개맛있어' 식으로 일편단심 '개'만 사용하는 것보다는 '큰 이득, 참 멋져, 아주 좋아, 정말 좋아, 몹시 많아, 오지게 맛있어' 등등 다양한 표현을 구사하는 것이 있어 보이지 않나?

그리운 아가씨

　과거에는 비슷한 연배인 경우에 '씨'를 많이 썼지만, 언제부터인가 '씨'는 기피하는 호칭이 되었다. '김 씨, 이 씨'라며 아랫사람 부르듯 하는 것을 불편해 하는 사람들이 생겨났기 때문이다. '씨'를 피하다 보니, 마땅한 호칭이 없어 '선생님'이나 '사장님', '여사님'을 많이 쓰는데, 적절한 호칭은 아니지만 대충 넘어간다. '사장님'이라고 불렀을 때, '나 사장 아니고 과장이에요.'라고 하는 사람도 없고, '여사님은 무슨? 그냥 아줌마라고 해요.'라고 하는 사람도 별로 없다.

　원래 '씨'는 상대를 높이는 호칭이었지만, 윗사람에게는 쓰기 어려워졌고, 가까운 동료나 아랫사람에게 주로 쓰게 되었다. 1920년대 최현배 선생은 한자말 '씨(氏)' 대신 우리말 '님'을 쓰자고 제안했는데, 오랫동안 빛을 보지 못하다가 인터넷 세상이 열리면서 누리꾼이 즐겨 쓰는 호칭이 되었다. 인터넷상에서 잘 모르는 사람과 대화를 할 때, '님'은 지위의 높고 낮음, 나이의 많고 적음을 떠나 상대를 존중하는 뜻을 담은 호칭으로서 안성맞춤이었다. '동수 님, 샛별 님'처럼 쓰고, 이름 없이 '님께서 하신 말씀은...'의 형태로도 쓴다.

　어머니는 낳아 주신 분, 혹은 길러 주신 분이다. 친한 친구 어머님을 '어머니'라고 부르는 것은 과거에도 허용되었지만, 나이 지긋하신 여성은 '아주머니'라고 불렀다. 그런데 지금은 아주머니를 모두 어머니라고 부른다. 어머니가 아주머니를 대신하게 된 것은 방송 때문이다. 아침 방송에서 사회자가 방청석에 앉은 아주머니에게 '어머니 들으셨죠?'라고 말했다. 그 순간 사회자의 어머니가 방청을 왔나 하고 생각했지만 아니었다. '어머니들, 박사님 말씀에 동의하시죠?' 사회자는 한 사람이 아닌 모든 아주머니를 '어머니'라 불렀다. 어떻게 저 사회자는 어머니가 저렇게 많을까?

이렇게 전파된 '어머니'가 전국을 덮쳤고, 식당이나 농촌 마을을 취재하러 나간 방송 리포터까지 가세해 나이 지긋한 여성을 몽땅 어머니로 만들었다. 사립문을 열고 들어서며 '어머니, 안녕하세요?'라고 인사하는 낯선 여성을 보고 충격을 받지는 않으셨을까? 그런가 하면 식당이나 가게 등에서 일하는 아주머니는 모두 이모가 되었다. 대한민국의 중장년 여성은 우리 모두의 어머니이거나 이모다! 친근해서 좋긴 하지만 혼란스럽다. 진짜 어머니와 이모는 누구이며 어디서 살고 계실까?

'아가씨'는 그리운 호칭이다. 요즘에는 '아가씨'라는 호칭을 쓰는 사람을 만나기 어렵다. 1970년대 호스티스 영화가 유행하면서 '아가씨'란 호칭에는 '술집에서 일하는 여자, 호스티스'라는 부정적인 인상이 덧씌워졌기 때문이다. 무심코 '아가씨'라고 불렀다가 '아가씨라뇨? 사람을 뭐로 보는 거예요?'라는 날카로운 항의에 진땀을 흘린 아저씨도 많았다. 그러나 본디 아가씨는 그런 말이 아니다.

「1」 시집갈 나이의 여자를 이르거나 부르는 말.

「2」 손아래 시누이를 이르거나 부르는 말. ≒아기씨.

「3」예전에, 미혼의 양반집 딸을 높여 이르거나 부르던 말. (표준국어대사전)

　'예쁘게 차려입은 한 무리의 아가씨들이 잔디밭에 앉아 웃음꽃을 피우고 있다.' '뾰족구두를 신은 아가씨가 바쁘게 걸어왔다.'와 같은 문장에 코를 박고 킁킁거려도 술 냄새는 나지 않는다. 젊은 여성이나 미혼의 규수들은 아가씨라고 부르는 게 좋지 않을까? 아가씨라는 호칭을 되살리면, '학생이 아닌 젊은 여성을 어찌 불러야 하나? 가방 들었으니 학생일까? 치마도 짧고 화장도 진하게 했으니, 학생이 아닐 수도 있나?' 하는 고민도 할 필요가 없다. 결혼한 여성도 '아가씨'라고 불리면, '내가 그렇게 젊어 보이나?'하며 활짝 웃을 것이다. '오, 아가씨, 그리운 아가씨!' 그 많던 '담배 가게 아가씨' '꽃집 아가씨'는 다 어디로 갔나? 더 늦기 전에 사라져가는 '아가씨'를 되찾고 싶다.

　　　꽃집의 아가씨는 예뻐요 (지웅 작사, 홍현걸 작곡, 봉봉4중창단 노래)

　　　꽃집의 아가씨는 예뻐요 그렇게 예쁠 수가 없어요.
　　　그녀만 만나면은 그녀만 만나면은 내 가슴 울렁울렁거려요.
　　　꽃집의 아가씨는 미워요. 그렇게 미울 수가 없어요.
　　　너무나 새침해서 너무나 새침해서 설레는 내 마음을 몰라요...

'가'와 '로'의 차이가 5억

2020년 4월 15일 21대 국회의원을 뽑는 총선에서 당시 여당인 더불어민주당이 압승을 거두었다. 지역구 163석에 비례대표 17석이니 단독 180석이다. 이에 대해 '과반수가 넘는 득표'를 했다거나 '과반이 넘는 득표'를 했다, '과반수가 넘었다.', '과반 이상 차지했다.'라는 표현이 난무했다. 반을 넘었다는 표현이지만 모두 탈선했다.

> '과반'(過半)의 뜻은 말 그대로 '절반이 넘음'이다. 단어 속에 '반을 넘다'란 의미가 들어 있다. "과반을 차지했다" 또는 "절반 넘게 차지했다"고 하는 게 맞는 표현이다. (서울신문, [똑똑 우리말] 과반을 넘었다, 2020. 4. 15.)

'과반'이 반을 넘었다는 뜻이므로 '과반 이상'이라고 하면 '반이 넘은 상태를 넘었다.'라는 야릇한 말이 된다. '동해바다', '고목나무', '사기그릇' 등과 같은 첩어와는 다른 차원의 이야기다. 생전에 이어령 박사는 '역전'으로 뜻은 드러낼 수 있지만 '앞'을 붙여 '역전 앞'이라고 해야 뜻도 강조되고 왠지 성이 차기 때문에 사람들이 첩어를 즐겨 쓴다고 했다.

영미인도 'very very good', 'more and more'처럼 같은 very나 more를 반복해 쓰고, 일본인도 '寒い寒い(추워 추워)', '急いで急いで(서둘러 서둘러)', '是非是非お願いします(꼭꼭 부탁드립니다)'처럼 같은 말을 중복 사용해 의미

를 강조한다. 역시 언어는 달라도 인간의 감정이나 생각, 태도는 국경을 초월해 크게 다르지 않다.

> '-여'(餘)도 '넘다'나 '이상'과 함께 쓰면 부자연스럽다. '-여'는 수량을 나타내는 말 뒤에 붙어 '그 이상'의 뜻을 더하는 접미사다. (위 같은 글)

'여'가 '그 이상'을 뜻하므로 '여'와 '넘게'를 함께 쓰는 것도 어색하다. '백여 명 넘는 확진자가 발생했다.'라는 말은 '확진자가 백여 명 발생했다.' 또는 '백 명 넘는 확진자가 발생했다.'라고 하는 게 좋다. 표현이 정확해야 오해가 생기지 않는다. 특히 숫자를 말할 때는 정밀한 표현을 사용해야 한다.

뉴스에서 '지난해까지 5억하던 아파트가 2배가 올랐다.'라고 하면 15억이라 생각할 수 있지만, 실제로는 현재 10억이니, '2배가' 아니고 '2배로' 오른 것이다. 조사 '가'와 '로'의 차이가 이토록 엄청나다. 정밀하게 표현해야 한국어는 부정확하다는 애먼 지적도 피할 수 있다. 문득 오래전 방송에서 어느 리포터가 한 말이 생각난다.

> 이 아기는 태어난 지 거의 3달여가 됐습니다.

'거의'는 3달이 아직 안 된 것이고, '여'는 3달이 지난 것이다. 그러면 그 아기는 언제 태어났을까?

'등'을 알아야 정치도

2022년에는 우리말이 주목받는 여러 사건이 발생했다. 그 중 하나는 2022년 겨울 대한민국 정치권을 강타한 '등'이었다. 사단은 그해 봄이었다. 4월 27일, 더불어민주당 단독으로 국회 법제사법위원회에서 검찰 수사권을 기존 6대 범죄(부패·경제·공직자·선거·방위사업·대형참사)에서 2대 범죄(부패·경제)로 대폭 축소하는 일명 '검수완박법'인 '검찰청법 개정안'을 통과시켰다.

당초 개정안에서는 검찰의 수사 범위를 '부패범죄, 경제범죄 중 대통령령으로 정하는 중요 범죄'라고 했지만, 본회의 논의 과정에서 '중'이 '등'으로 수정되었다. '중'과 '등'의 차이를 몰라도 너무 몰랐던 것 같은데, 4월 28일 더불어민주당 이수진 의원은 뭔가 불길한 예감이 들었는지 '무엇 중'이라고 하면 무엇의 범위 안을 뜻하지만, '무엇 등'이라고 하면 무엇 말고도 다른 것을 포함할 수 있다며 걱정했다.

2022년 8월 11일, 한동훈 법무부장관은 '검사의 수사개시 범죄 범위에 관한 규정'을 입법 예고했는데, 검찰의 수사 대상이 되는 부패·경제 범죄 영역에 직권남용·직무유기·허위공문서작성 등 기존 공직자범죄와 선거범죄 일부(매수 및 이해유도, 기부행위 등)를 포함하여 '검수완박법'을 휴지조각으로 만들려 하면서도 '부패범죄, 경제범죄 등'이라고 정한 국회가 만든 법률을 그대로 시행하는 것이라 설명했다.

어째서 이런 일이 생겼을까? 이 의원이 걱정한 대로 '검찰청법 개정안'에 들어간 '등'에 대해 더불어민주당과 법무부가 정반대의 해석을 했기 때문이다. 사전에 따르면, ① '등'은 '같은 종류의 것'을 생략할 때도 쓰고, ② '두 개 이상 나열한 것을 그것만'으로 한정할 때도 쓰는데, 법무부는 ①로 더불어민주당은 ②로 해석했다.

애당초 같은 말 '등'을 정반대로 쓸 수 있다고 설명하는 사전이 잘못된 걸까? 그렇게 볼 수도 있지만, 꼼꼼히 들여다보면 사용법에 차이가 있다. 예를 들어 "몽골시장에서 김 여사는 소고기, 고등어, 시금치, 호떡 등을 샀다."라고 하면, 언급된 품목 외에 파나 마늘 등을 더 샀을 수 있지만 일일이 적지 않고 생략했다. 반면 한정의 의미로 '등'을 사용할 때는 대체로 '그것뿐'이라는 것을 분명히 하는 표현이 뒤따른다.

> 남부군 사령부의 주최로 거리가 가까운 전남, 전북, 경남 등 3도 유격대의 씨름 선수를 초빙하여 씨름 대회를 열었다.≪이병주, 지리산≫ (표준국어대사전)

위 예문에서는 '등' 뒤에 '3도'를 써 한정의 의미를 뚜렷이 했으므로 씨름 대회에는 '전남, 전북, 경남' 3지역의 선수만 참가한 것을 알 수 있다. 이런 식의 용법은 익히 보아온 많은 문장에서 찾을 수 있다.

> 제2차 세계대전이 막바지로 치닫던 1945년 2월 4일부터 11일까지 미국 영국 소련 등 세 연합국의 수뇌들이 소련 크림(Crimea) 반도 남쪽 끝의 휴양도시 얄타(Yalta)에서 회동했다. (네이버 기관단체사전)

영연방 제1사단은 영국을 비롯해 오스트레일리아(호주) · 캐나다 · 뉴질랜드 · 벨기에 · 룩셈부르크 등 <u>모두 6개국</u> 군으로 구성됐는데 (국가기록원 - 6.25 전쟁)

남북한 정전협정은 6 · 25전쟁의 교전 당사자인 미국(UN군), 중국, 북한 등 <u>3자간</u>에 체결된 것이다. (두산백과)

'- 등 세 연합국', '- 등 모두 6개국', '- 등 3자 간('간'의 띄어쓰기는 글쓴이)'이란 표현에서처럼 '등' 뒤에 앞서 열거한 대상 국가의 수를 표시하고 있다. 따라서 한정하는 표현이 빠진 '부패범죄, 경제범죄 등 대통령령으로 정하는 중요범죄'는 '생략 용법'으로 해석할 수 있다. 더불어민주당이 '검찰 개혁'이라는 입법 취지에 맞게 검찰의 수사 범위를 제한하려 했다면, 법안 처리 이전에 우리말 공부부터 하고, '등' 뒤에 '2대'를 추가해 다른 범죄를 추가할 수 있는 여지를 없애야 했다.

부패범죄, 경제범죄 등 대통령령으로 정하는 2대 중요범죄

덧: 사용법에 차이가 있다 해도 한 낱말을 정반대 의미로 쓰는 것은 모순이고 위험하다는 것이 이번 사태로 여실히 드러났다. 오랫동안 써 오던 낱말의 의미를 수정하는 것이 간단한 일은 아니지만 재발 방지를 위한 긴급 조치가 필요하다.

표준국어대사전에는 '등'과 '등등'이 모두 올라 있는데, '등등'은 '그 밖의 것을 줄임을 나타내는 말.'이라 설명하고 있다. 그렇다면 생략의

'등'과 '등등'은 기능상 같으므로, 생략의 '등'을 '등등'으로 통합하고, 한정할 때만 '등'을 쓰면 어떨까?

등등	① (명사나 어미 '-는' 뒤에 쓰여) 그 밖에도 같은 종류의 것이 더 있음을 나타내는 말. → 사과, 귤, 배 등등 과일이 난다. 춤추고 노래하는 등등 열기가 뜨거웠다. ② 그 밖의 것을 줄임을 나타내는 말. → 립스틱, 매니큐어, 껌, 동전 등등 잡다한 물건이 방바닥에 쏟아졌다.
등	(명사 뒤에 쓰여) 두 개 이상의 대상을 열거한 다음에 쓰여, 대상을 그것만으로 한정함을 나타내는 말. → 한국, 미국, 일본 등 3개국 외상회담이 열렸다.

너무 사랑한 우리말 너무

2015년 이전까지 '너무'는 '일정한 정도나 한계에 지나치게'라는 뜻으로 부정적인 상황을 표현할 때만 사용해야 했다.

> 너무 많이 먹으면 배탈 난다. → 조금 덜 먹는 게 건강에 좋다.
>
> 비가 너무 많이 온다. → 홍수가 나서 피해가 발생할 수 있다.
>
> 너무 춥다. → 너무 추워 얼어 죽을 것 같다.

그런데 이런 '너무'의 사용법에 아랑곳하지 않은 다수가 '너무 행복해' '너무 멋지다' 등처럼 부정이 아닌 긍정과 좋은 의미에도 '너무'를 마구 붙여 쓰면서, 이를 지적하는 소수 전문가나 규범파와 대립했다.

> 그렇게 쓰면 안 된다.
>
> 무슨 상관이냐?
>
> 말을 제대로 써야 한다.
>
> 뭔 간섭이냐? 말은 편하게 쓰면 된다.
>
> 편하다고 무단횡단을 하면 안 되는 것처럼 말도 지켜야 한다.
>
> '너무'를 쓰는 게 무단횡단하고 무슨 상관이냐?
>
> 파란불에 가고 빨간불에 서듯이 '너무'는 부정적일 때 쓴다.

긍정적일 때 '너무'를 쓰면 빨간불이냐?

빨간불이거나 노란불이거나...

그래서 뭐 벌금이라도 내라는 얘기냐?

아니, 뭐 그런 건 아니지만...

'너무'를 사랑한 이들은 다수였고 전문가의 말을 듣지 않았고 고집불통에 요지부동이었고 셌다. 급기야 국립국어원은 다수의 손을 들어 '너무'의 의미를 '한계를 훨씬 넘어선 상태로'라고 재 정의하는 극단적인 조치를 취해 긍정과 부정을 따지지 않고 아무 곳에나 쓸 수 있도록 했다.

그 후로 '너무'는 긍정이든 부정이든 가리지 않고 쓸 수 있는 말이 되었고, 더는 '너무'를 똑바로 쓰라는 지적을 할 필요도 없고 '너무' 때문에 서로 얼굴을 붉히며 다툴 필요도 없게 되었다. 그러면 그것으로 문제가 해결되었을까? 자유를 찾은 '너무'에 기뻐하고 만족해야 할까?

오늘 날씨가 너무 좋아 기분이 너무 좋고요, 아이들이 너무 좋아하고 너무 잘 놀아 너무 좋고요, 신랑도 너무 즐거워해서 너무너무 좋아요.

짧은 말 한마디 하면서 '너무'를 무려 8번이나 썼다. '너무' 말고 다른 말은 모르는 걸까? 엎질러진 물이지만 두 가지 아쉬움이 있다. 하나는 '너무'란 말의 의미와 본디 쓰임새를 대중에 영합해 너무 쉽게 바꾸었다는 점이고, 다른 하나는 지나치게 '너무'에 의존하다 보니 우리말이 빈곤해진다는 점이다.

2023년 6월 현재 유튜브 구독자 수 270만 정도를 보유하고 있는 영국인 영어 교사 키이쓰(Keith)는 영어 학습자들에게 영어를 말할 때 'very'에만 의존하지 말고 다양한 부사어를 쓰라고 조언한다.

Would you recommend this book to others?
(이 책을 다른 사람에게 권하겠습니까?)

Yes, I'll. Because it's <u>very</u> interesting, <u>very</u> nice, <u>very</u> useful, <u>very</u> good.
(네, 그럼요, 왜냐하면 그것은 매우 재밌고, 매우 멋지고, 매우 유용하고, 매우 좋아요.)

영어가 능숙하지 못한 학습자에게 'very'만큼 만만한 단어가 없기도 하지만, 'very'에 대한 지나친 의존과 과용은 영어를 단조롭고 지루하게 만들뿐만 아니라 '영어 공부 아직 멀었다.'라는 인상을 준다. 키이쓰는 'very'의 반복을 피하면서 어휘력과 표현력을 높일 수 있는 다양한 낱말을 추천한다.

It's <u>very</u> nice, <u>really</u> great, <u>extremely</u> interesting, <u>incredibly</u> interesting, <u>tremendously</u> useful, <u>particularly</u> useful, <u>dead</u> good etc.

키이쓰의 조언에 대해 학습자 중 십중팔구는 '그래 맞아, 나도 very를 너무 많이 써. 영어 공부한 지 벌써 몇 년인데, 이 모양일까! 아아, 이래선 정말 안 돼! very, really, totally, extremely, incredibly, tremendously, particularly, dead 등등 상황에 어울리는 이런저런 낱말을 찾아 써야 해.' 라며 생각을 다잡을 것이다.

마찬가지로 'very'와 닮은 우리말 '너무'도 남용하지 않고 다양한 낱말을 두루 사용하면 우리말 표현이 풍부해질 뿐만 아니라, 그런 표현을 구사하는 사람도 들어 보이고 있어 보이지 않을까?

오늘 날씨가 아주 환상적이어서 정말 좋고요, 아이들도 매우 좋아하고 무지무지 신나게 놀아 참 행복하고요, 신랑도 더할 나위 없이 즐거워해서 짜장 좋아요.

불가사의 '다르다와 틀리다'

　'다르다와 틀리다'는 언어를 대하는 한국인의 태도를 얘기할 때 반드시 등장하는 해묵은 소재다. 정확히 언제 시작되었는지는 알 수 없지만, 1992년 신문에서 정재도 선생의 글을 찾을 수 있다.

> 동서양 사람이 다 같이 숟가락질을 하면서 동양서는 젓가락질, 서양서는 포크질을 한다고 할 경우에 '동서양의 숟가락질은 같고, 젓가락질과 포크질은 다르다.'라고 할 것을 흔히 '젓가락질과 포크질은 틀리다.'라고 하기 일쑤다, 그것은 틀린 표현이다. 젓가락질과 포크질의 그 어느 것도 틀린 것은 아니고 다를 따름인데, 틀린다고 했기 때문이다. (한겨레, 1992. 2. 28.)

　'다르다'는 비교가 되는 두 대상이 서로 같지 않을 때 쓰고, '틀리다'는 셈이나 사실 따위가 그르게 되거나 어긋날 때 쓴다. 쌍둥이도 얼굴이 다를 수 있지만, '어머, 쌍둥이인데 얼굴이 틀리네요.'라고 하면 쌍둥이 엄마 열 받는다. 이처럼 '다르다'를 쓸 자리에 '틀리다'를 쓰는 사람이 많아서인지 인터넷에도 '다르다 틀리다'에 대한 설명이 산더미처럼 쌓여 있다.

　"이것도 거봉하고 같아요?" 하고 물으니 주인이 "두 개가 서로 맛이 틀려요."라고 답을 하는 것이었습니다. 그 순간 마음이 조금 불편해졌습니다. "서로 달라요"라고 해야 하는 상황에서 '틀려요'를 사용하는 국어 화자(話者)와 또 다시 마주친 탓이었습니다. (강희숙, 『다른 말과 틀린 말』)

'생각이나 성격'의 경우 서로 같거나 다른 것이지, 맞거나 틀린 것이 아니므로 '너와 나는 생각이 서로 달라' 혹은 '성격이 서로 달라'로 표현해야 합니다. (딱따구리세상정보)

"우리나라는 틀리잖아요"(우리나라는 다르잖아요), "문화가 틀리죠"(문화가 다르죠) 등 (매일경제, 2001. 8. 11.)

'맛없는 거봉', '비뚤어진 생각과 성격', '잘못된 우리나라'는 슬프다. 추억이 된 스카이(SKY) 폰 광고 문구는 "It's different."였다. 타사 제품과 '다르다' 혹은 '낫다'고 선전한 것이다. 스카이 폰 사용자가 "써 보니까 역시 스카이는 틀려."라고 말한다. 무슨 문제가 있느냐고 물으면, 그런 게 아니고 마음에 든단다. 역시 '다르다' 자리에 '틀리다'를 썼다.

"한국인들은 한국어보다는 영어를 잘하는 것 같다. 'different'와 'wrong'의 차이는 귀신같이 아는데, '다르다'와 '틀리다'의 차이에 대해선 잘 모른다."라는 강준만 교수의 지적처럼 영어 쓸 때는 다른 것을 "It's wrong."이라고 하지 않는다. 세상을 바꾸겠다는 애플의 유명한 광고 문구도 'Think different.(다른 것을 생각하라.)'이지, 'Think wrong.(나쁜 것을 생각하라.)'이 아니다.

'다르다'와 '틀리다'는 뜻을 구분하기 어려운 말도 아니고, 머리를 써야 이해할 수 있는 수준의 까다로운 내용도 아니다. "그런 거였어! 알았어. 그러니까 너랑 나랑은 얼굴도 다르고 성격도 다르고 생각도 다르고 회사도 다르고 집 가는 방향도 다르다는 말이지?" 이렇게 간단히 풀 수 있는 문제를 수십 년 동안 반복하고 있는 게 불가사의할 뿐이다.

4장

헷갈리는 맞춤법

1988년 이전에 학창 시절을 보낸 분들 가운데에 아직도 '-읍니다'를 쓰는 이들이 많다. 3살 버릇 여든까지 간다는 속담도 있지만, 교과서, 신문, 각종 도서, 방송 자막에 이르기까지 '-습니다'를 쓰는 현실을 고려할 때, 35년이 지난 오늘까지 '-읍니다'를 쓰는 것은 이해하기 어렵다. 사회 변화에 둔한 걸까, 고집이 센 걸까?

기본은 철자

　한글은 자음과 모음을 합쳐 음절을 만들어 사용한다. 같은 표음문자이지만, 알파벳을 나열해 쓰는 영어(lemon: 레몬)나 하나의 글자에 자음과 모음이 합쳐져 있는 일본의 가나문자(か: 카)와는 다르다. 한국어를 배우는 외국인들은 처음 한글을 보고는 무척 복잡한 글자로 느끼지만, 자음과 모음을 결합하는 방식을 알려주면 더는 어려워하지 않고 재밌어한다. 반면에 우리는 너무 어렸을 때 한글을 배워서 그런 느낌이나 인식이 없는 것 같다. 다른 글자들에 대해서도 몰랐고...

　한글은 '자음+모음', '자음+모음+자음', '자음+모음+자음+자음' 형태를 띤다. 세 글자 모두 '자음+모음'의 형태를 띠고 있는 '가로수'는 'ㄱ+ㅏ=가'와 'ㄹ+ㅗ=로', 'ㅅ+ㅜ=수'가 어울려 한 낱말을 이루었고, '자음+모음+자음'의 형태인 '한강'은 'ㅎ+ㅏ+ㄴ=한'과 'ㄱ+ㅏ+ㅇ=강' 두 글자로 이루어졌다. '값'은 'ㄱ+ㅏ+ㅂ+ㅅ=값'이다.

　글자가 먼저 생긴 것이 아니고, 말이 먼저이므로 입말 '가로수'와 '한강'을 한글을 사용해 '가로수', '한강'이라고 적은 것이다. 겹자음이 들어간 '흙'은 토씨와 만나 [흘근, 흘기, 흘게] 등으로 발음되므로 받침에 'ㄹ'과 'ㄱ'이 있는 것으로 보아 '흙'이라 쓴다. 다른 낱말들도 마찬가지인데, 닭, 고등어, 찐빵, 고구마, 달님, 해바라기, 거울, 책, 읽다, 물, 마시다 등도 발음을 따라 그렇게 적기로 약속한 것이다.

한국인이 좋아하는 '떡볶이'에는 쌍자음이 두 개 들어 있어 표기가 약간 복잡하다. '떡'을 잘못 쓸 가능성은 낮지만, '볶'은 자칫 '복'으로 쓸 수 있다. '떡볶이'를 발음하면 [떡뽀끼]가 되므로 '볶'을 '뽁', '이'를 '끼'로 쓰기도 한다. 그래서 떡뽀끼, 떡뽁이, 떡복끼, 떡보끼 등이 보이고, 더러는 '떡뽁이'도 보이지만 표준은 '떡볶이'다. 메뉴판에서 '찌개'가 아닌 '찌게'도 보이는데, '간장게장'을 '간장개장'으로 쓰면, 간장에 절인 '개', 즉 멍멍이가 되니, 한국인들을 간장에 개를 절여 먹는 야만인으로 생각할 수도 있다.

쓰러지지 않고 오뚝오뚝 일어서는 장난감을 '오뚜기'로 잘못 쓰는 것은 발음이 [오뚜기]여서이기도 하지만, '오뚜기 햇반', '오뚜기 카레', '오뚜기 라면' 등을 판매하는 '오뚜기식품' 탓이 크다. 고유명사여서 '오뚜기'가 가능하다고 하지만, 좋은 먹을거리 생산만이 아니라 우리말 사용에도 모범을 보이는 뜻에서 '오뚝이식품'으로 바꾸면 어떨까? 국민 간식 중 하나인 호두과자를 만드는 호두과자 전문점 이름도 '코코호도'여서 국민을 헷갈리게 하고, 아이스크림 '설레임'은 너무 유명해서 '설렘'을 틀린 것으로 착각한다.

글을 쓸 때마다 헷갈리는 철자 문제를 해결할 방법이 있을까? 음… ◎_◎˙˙◎_◎…^▽^^▽^^▽^…^오^ 있다! 외우면 된다. 달리 뾰족한 수가 없다. '머리'를 '모리'나 '므리'라고 쓰거나, '이마'를 '치마'나 '도마'라고 쓴 것을 본 적은 없다. 철자가 까다롭지 않기 때문이겠지만, 헷갈리는 철자도 외워야 한다. 다음 낱말들은 어느 것이 맞을까? 배게와 베게, 금새와 금세, 숨바꼭질과 숨박꼭질, 업지르다와 엎지르다, 콧배기와

코빼기, 곱배기와 곱빼기, 무릎과 무릅, 무릎쓰다와 무릅쓰다, 설겆이와 설거지, 넓적다리와 넙적다리. 정말 헷갈리는 낱말도 있지만 외워야 한 다. 이는 한국어에만 해당되지 않는다.

영어에 boy, girl, sky, mother 등등 쉽게 외울 수 있는 낱말도 많 지만, restaurant(식당), renovate(고치다), February(2월), apologize(사과하 다), definition(뜻), mathematics(수학), orphanage(고아원), encyclopedia(백 과사전) 등처럼 헷갈리는 것도 많고, pulchritudinous(몸매가 아름다운), consanguineous(동족의), psychotomimetic(정신 이상 상태) onomatopoeia(의성어) 등등 외우기 어려운 것도 많으며, floccinaucinipilihilification(무가치)처럼 암 기가 불가능해 보이는 낱말도 있다. 영어를 하려면 이런 단어를 외워야 하듯이 한국어를 하려면 한국어 낱말의 철자를 외워야 한다.

영어학자 한학성 교수는 '영어는 표기법이 가장 무질서한 언어'라 고 말한다. 우선 같은 글자가 여러 발음을 나타낸다. 예를 들어 알파벳 a는 'father[ˈfɑːðə(r)]' 'man[men]' 'woman[wúmən]' 'same[seɪm]' 등 으로 다양하게 발음된다. 또 같은 발음이 'flu' 'too' 'two' 'blue' 'crew' 'through' 등으로 다양하게 표기되기도 하고, 'debt'의 'b'처럼 철자는 있어도 발음되지 않는 경우도 있고, 철자가 없는데도 'cutie[kjuːti]'처럼 [k]와 [u] 사이에 [j]가 끼어들기도 한다. 또 'shy'의 'sh'나 'chin'의 'ch' 처럼 두 글자가 하나의 소리를 나타내는 경우도 있으며, 'exam'처럼 한 글자가 두 개의 소리를 나타내는 경우도 있는가 하면, 'lead'처럼 동일한 철자가 문맥에 따라 [liːd]와 [led] 두 가지로 발음되기도 한다. (한학성, 『우 리 말글살이와 영어 표기』)

영어를 잘하려면 이렇게 무질서하게 정립된 온갖 단어를 외워야 하듯이 한국어를 하려면 한국어 낱말의 철자를 외워야 하는데, 한글은 앞서 언급했듯이 표기법이 규칙적일 뿐만 아니라 글자와 발음이 1:1로 대응해 한결 파악하기 쉽고 간단 명쾌하다. 예를 들어 ㄷ은 '달' '도박' '다시마' '두드러기' 등 어떤 낱말에 들어가든 같은 소리를 유지한다.

물론 '읽다'와 같은 동사가 실제 발음될 때 [익따]가 되고, 활용할 때 '읽어[일거]' '읽고[일꼬]' '읽는[잉는]' '읽지[익찌]' 등으로 발음되는 여러 음운현상, 즉 비음화·유음화·경음화·구개음화 등등은 학습이 필요한 영역이고, 난이도가 높기도 하지만, 그래서 국어 시간에 배우는 거 아닐까? 그런데 '우리말을 뭐 배울 게 있느냐'니??? ◎_◎(어리둥절) ㅡ_ㅜ(시무룩) ㅠ_ㅠ

덧: 헷갈리는 낱말 정답. 베게, 금세, 숨바꼭질, 엎지르다, 코빼기, 곱빼기, 무릎, 무릅쓰다, 설거지, 넓적다리.

가장 긴 영어 단어는 영화 '메리 포핀스'에 등장한 supercalifragilistic expialidocious(환상적인, 아주 훌륭한)라고 한다. 그러면 가장 긴 한국어 낱말은 무엇일까?

짚신도 제 짝이 있고, 말도 짝이 있다. '밥 한 번 먹읍시다.' '식사 한 번 합시다.'라는 말은 자연스럽다. '밥'과 '먹다', '식사'와 '하다'가 잘 어울리기 때문이다. 반면에 '밥 한 번 합시다.'나 '식사 한 번 먹읍시다.'는 어색하다.

> 문장 내에서 서로 짝을 이루어 쓰이는 말을 구조어(構造語)라고 부르는데 보통 연어(連語)와 관용어(慣用語)·공기(共起)를 들 수 있다... '내복'이 '하다'가 아니라 '입다'와 어울린다는 것은 연어 관계를 설명하는 것이다. (스카이데일리, 박재역의 맛있는 우리말 <78> 짚신도 짝이 있다 2022. 12. 26.)

위 연어는 물고기가 아니다. 연어는 주사와 빈사의 어울림, 말과 말의 어울림을 말한다. 옷을 뜻하는 '내복'은 '입다'와 어울려 보통 '내복을 입다.'라고 한다. '내복을 하다.'나 '내복을 쓰다.'라는 표현은 아무래도 어색하고 부자연스럽다.

2014년 한글날을 앞두고 알바몬에서 대학생들을 상대로 설문 조사를 했는데, 충격적인 맞춤법 실수에서 "감기 빨리 낳으세요."가 "어의가 없어요.(2위)", "얼마 전에 들은 예기가 있는데요.(3위)"를 물리치고 당당히 1위를 차지했다. 이 결과를 보면 대학생들이 연어를 잘 알고 있다는 것을 알 수 있다.

> 낳으세요 ← 낳다: 배 속의 아이, 새끼, 알을 몸 밖으로 내놓다.
> 나으세요 ← 낫다: 병이나 상처 따위가 고쳐져 본래대로 되다.

따라서 "감기 빨리 나으세요."라고 써야 한다. 그럼에도 헷갈린 이유는 무엇일까? '낫다'를 활용해 '나으세요'라고 할 때, 발음이 '낳으세요'와 같기 때문일 것이다. ㅎ은 요상하다. 초성에서는 '하늘' '허리' '호떡' '후다닥' '흐흐' '히히'처럼 분명히 자기 소리를 낸다. 그런데 ㅎ이 종성으로 자리를 옮기면 상황이 복잡해진다.

> 좋다 [조타]: ㅎ이 뒤에 오는 ㄷ과 부딪히면서 ㅌ 소리가 난다.
> 좋지 [조치]: 위와 마찬가지로 ㅈ과 부딪히면서 ㅊ 소리가 난다.
> 좋고 [조코]: 위와 마찬가지. ㄱ이 ㅋ이 된다.

이처럼 ㅎ은 자기 자신의 고유한 소리를 주장하지는 않지만, ㅌㅊㅋ에 흔적을 남긴다. 그런가 하면 "'ㅎ'은 음성적으로 유기성이 미약하여 다른 격음과 달리 쉽게 탈락하기도 한다."(한글 맞춤법)

> 좋아 [조아]: ㅎ 뒤에 소릿값이 없는 동그라미가 와서 그냥 사라졌다.

이처럼 종성 ㅎ은 때때로 아무런 자취를 남기지 않고 미련 없이 사라지기도 하는데, [조아]와 마찬가지로 '낳으세요'가 [나으세요]로 소리 나므로, '낫다'의 '나으세요'와 혼동하기 쉽다. 여하간 '감기는 낳는 것'이 아니고, '낫는 것'이고 빨리 '나아야 하는 것'이다.

그런데 언어가 늘 법칙(?)대로 작동하지는 않는다. 연어의 폭이 넓은 것도 있고, 논리적으로 설명하기 어려운 표현들도 적지 않다. 액체인 '술'은 주로 '마시다'와 어울려 '간밤에 술 마셨어.'라고 하지만, '간밤에 술 먹었어.'라고도 하고, '간밤에 술 했어.'라고도 말한다. 이처럼 '마시다, 먹다, 하다'와 두루 어울린다. '술 취하면 다 친구'라는 말도 하듯이 역시 술은 세다.

일반적으로 '축구'는 '하다'라고 한다. '축구를 차다'라고는 말하지 않는다. '농구'나 '배구' '야구' 역시 '하다'가 어울린다. '배구를 하다' '농구를 하다' '야구를 하다' 그런데 마찬가지로 공을 가지고 하는 스포츠임에도 '탁구'는 '치다'와 어울린다. "너 오늘 탁구 했니?"는 이상하다. "너 오늘 탁구 쳤니?" 골프도 '하다'보다는 '치다'와 호응한다. "내일 동창들하고 골프 치기로 했어."

덧: ㅎ은 자기 소리를 고집하지 않더라도 흔적을 남기는데, 그마저 종종 무시당할 때가 있다. 간혹 아나운서나 기자가 '지진으로 전기, 가스 공급이 끊겼습니다[끈겯씀니다].'라고 한다, 그것도 아주 단호한 어조로! 그러나 '끊겼습니다'는 [끈켣씀니다]라고 발음한다. ㅎ을 보지 못하는 시력이 약한 아나운서와 기자를 위해 비타민 에이가 듬뿍 든 우리말 비타민을 선물하고 싶다.

맞춤법은 가끔 바뀐다

　많은 사람이 맞춤법이 자주 바뀌어 헷갈린다는 말을 한다. 맞춤법은 1933년 조선어학회에서 제정했고, 가끔 부분적으로 바뀌긴 했으나, 크게 바뀌었다고 할 수 있는 것은 1988년 맞춤법 개정이었다. 눈에 띄게 바뀐 것은 기존에 '있읍니다'라고 하던 것을 '있습니다'로 한 것이다. '갔읍니다', '했읍니다' 등도 모두 '갔습니다', '했습니다'로 바뀌었다.

　그런데 1988년 이전에 학창 시절을 보낸 분들 가운데 아직도 '-읍니다'를 쓰는 이들이 많다. 3살 버릇 여든까지 간다는 속담도 있지만, 교과서, 신문, 각종 도서, 방송 자막에 이르기까지 '-습니다'를 쓰는 현실을 고려할 때, 35년이 지난 오늘까지 '-읍니다'를 쓰는 것은 이해하기 어렵다. 사회 변화에 둔한 걸까, 고집이 센 걸까?

　그런가 하면 당연히 '있음, 없음'이라고 써야 하는데, '있슴, 없슴'이라고 쓰는 경우도 있다. 다음은 신문 독자의 눈길을 끈 광고다.

애인 구함: 1명, 직급: 자기, 업무: 사랑하기, 4대 보험: 가입, 정년: 없슴

　'있습니다, 없습니다'를 줄여서 '있슴, 없슴'이라고 한 것 같은데, 기본형은 '있다'고 '있다'의 명사형은 명사형 어미 'ㅁ'을 붙여서 '있음'이라고 쓴다.

'있음'의 '-음'은 '있습니다'의 '-습-'과 전혀 별개의 형태소다. 명사형 어미 '-ㅁ'은 '있음' '먹었음' 등처럼 그 말이 명사 구실을 하도록 만드는 형태소인데, 자음 뒤에 붙을 때에는 소리를 고르기 위해 매개 모음 '-으-'를 넣어 '-음'으로 쓴다. 따라서 '있슴' '먹었슴'이 아니라 '있음' '먹었음'으로 적어야 한다. (국립국어원)

이처럼 '있음'은 '있다'의 명사형이어서 '있습니다'와는 아무런 관계가 없다. 가끔은 신문에서도 "단체실손에서 개인실손으로 전환하는 경우, 동일한 보장내용일지라도 위험률 산출 대상이 변경되어 보험료가 변동될 수 있슴. (노컷뉴스 '다음 달부터 회사가 단체로 든 실손보험과 내 실손보험 연계 가능해진다', 2018. 11. 28.)"이라고 작성한 기사를 볼 수 있다. 아마도 보험회사의 보도자료를 그대로 받아쓴 듯한데, 언론사답게 걸러야 한다. '있읍니다, 있습니다, 있슴, 있음' 등이 헷갈릴 소지는 있지만, 35년이 지나도록 같은 실수를 반복하는 것은 참으로 불가사의하다.

바뀐 줄임표 사용법

글을 쓸 때 사용하는 여러 가지 부호가 있다. 마침표(.)는 문장이 끝났을 때 찍고, 문장이 끝나지 않고 이어질 때는 쉼표(,)를 사용한다. 뭔가 궁금한 것이 있어 물을 때는 물음표(?)를 사용하고, 감동했을 때는 느낌표(!)를 쓴다. 말을 다하지 않고 줄일 때는 줄임표를 쓰는데, 최근 사용법에 변화가 생겼다.

> 이전엔 여섯 개의 중점(……)을 찍어야 했지만 세 개의 중점(…)도 가능하도록 표기법을 개정했다. 더불어 가운데 찍었던 기존 줄임표 외에 '......' '..'처럼 아래에 찍는 것도 바른 표기로 인정했다. (중앙일보, 우리말 바루기, 문장부호에도 맞춤법이 있다)

컴퓨터로 글을 쓸 때, 마침표나 쉼표, 물음표, 느낌표 등은 글자판에 있어 쉽게 사용할 수 있지만, 줄임표는 여러 문자나 기호 등을 입력할 수 있는 '문자표'를 따로 열어야 하는 불편이 있었다. 국립국어원에서 규정을 만들어 놓고, 사람들을 불편하게 한다는 얘기를 왕왕 하지만, 문장부호 사용법 일부를 컴퓨터 자판 여건에 맞춰 개정한 것은 시대의 변화를 잘 읽은 것이라 생각한다.

그런데 이 규정을 바꾼 것이 2015년이고 언론에서 보도를 했는데도 아직도 모르는 사람들이 적지 않다. 그래서 줄임표를 사용할 때마다 '문자표'를 열어 여섯 개의 중점(……)을 입력하느라 사서 고생하고 있으니, 안타깝기 짝이 없다. 머리가 나쁘면 몸이 고생한다는 말도 있지만, 정보에 어두워도 몸이 고달프다! 줄임표뿐만 아니라 한두 가지 더 바뀐 게 있다.

> 낫표와 화살괄호도 키보드에서 쉽게 쓸 수 있는 따옴표로 대체할 수 있도록 했다. 즉 「한글맞춤법」→ '한글맞춤법', 〈한글날〉→ '한글날'로 적을 수 있게 했다.
>
> 공통 성분을 하나로 묶을 때는 '금·은·동메달'과 같이 가운뎃점을 써야 했지만 '금, 은, 동메달'처럼 쉼표를 써도 되도록 규정이 바뀌었다. 또한 특정한 날을 표시할 때 아라비아 숫자 사이에 '3·1운동'과 같이 가운뎃점을 써 왔지만 '3.1운동'처럼 마침표를 찍어도 되도록 했다. (위 같은 글)

광복절을 표기할 때도 그동안에는 '문자표'를 열어 가운뎃점을 찾아 '8·15광복절'이라고 입력했는데, 이제 '문자표'를 열 필요 없이 마침표를 사용해 손쉽게 '8.15광복절'이라고 쓸 수 있다. 그러고 보니 오늘은 '10.26사건'이 난 날이다. 1909년 10월 26일은 하얼빈역에서 안중근 의사가 이토 히로부미를 처단한 날이고, 1979년 10월 26일은 궁정동 안전가옥에서 김재규에 의해 박정희 유신독재가 막을 내린 날이다. 적이 많은 사람은 10월 26일을 조심하라!

덧: 이모티콘(emoticon)은 사이버 공간에서 컴퓨터 자판의 문자·기호·숫자 등을 조합해 감정이나 의사를 나타내는 표현법으로 감정을 뜻하

는 이모션(emotion)과 아이콘(icon)의 합성어다. 한글 이름 '그림말'은 쓰는 사람이 거의 없다. 1982년 9월 19일 카네기멜론대학교의 스콧 팔먼(Scott Fahlman) 교수가 온라인 게시판에 웃는 표정을 표현한 :-) 과 슬픈 표정을 표현한 :-(을 사용한 것이 시초라고 알려져 있다. (두산백과 두산피디아)

텔레그램 이모티콘 중 핫 체리 아이콘이 따봉을 외치는 체리 따봉은 2022년 8월 윤 대통령이 권성동 의원에게 보낸 메시지가 언론에 포착되면서 널리 알려졌다. 체리 따봉처럼 정가에 파란을 불러일으킬 정도로 강력하고 선명한 메시지를 전하기도 하지만, 때로는 사용자의 의도를 파악하기 어려워서 소통에 장애를 주고 혼란을 일으키기도 하므로 사용 시 신중해야 한다. 사용자 간 공식적으로 약속된 것은 아니지만, ^^(웃는 눈), ㅠㅠ(우는 눈), ㅋ(웃음), ㅎ(가벼운 웃음), ㄷㄷㄷ(무서워 덜덜덜 떠는 모습) 등은 큰 오해 없이 유통되고 있다.

어륀지냐 오렌지냐?

　일제의 식민 지배를 받던 1940년 조선어학회에 의해 외래어 표기법이 만들어졌다. 한글 맞춤법(1933년)과 표준어 사정(1936년)에 이은 3번째 언어 규범 제정이었다. 과거 외래어는 '외국어가 한국어 속에 들어와 우리말처럼 쓰이는 말'이라는 것이 일반의 인식이었다. '고려대한국어대사전'은 지금도 그렇게 설명하고 있는데 '표준국어대사전'은 좀 다르다.

> 외국에서 들어온 말로 국어에서 널리 쓰이는 단어. 버스, 컴퓨터, 피아노 따위가 있다. (표준국어대사전)

　'우리말처럼'이라고 하면 우리말은 아니라는 뜻이 되지만, '외국에서 들어온 말로 국어에 널리 쓰이는 단어'라고 하면 우리말이라는 건지 아닌지가 분명치 않다. 아마도 '우리말이다, 아니다'라는 논쟁과 갈등을 피하기 위해 의도적으로 설명을 묘하게 한 것 같은데, 외래어는 '우리말처럼 쓰이는 말'이라고 설명하는 게 맞지 않나?

> '외래어 표기법'은 외국어에서 들어온 말을 한글로 체계적으로 적음으로써 우리말 사용자가 의사소통을 할 때에 불편함이 없도록 마련된 방법을 말한다. (김문오 국립

영어 'coffee shop'을 '커피숍'으로 적을 것인지, 아니면 '커피숖' 혹은 '커피샵'이나 '커피샵'으로 적을 것인지를 정하는 것이다. 외래어 표기법에 따라 영어 'super'의 미국식 발음이 [수퍼]에 가까워도 '슈퍼'라고 적고, 영화 'Superman(감독: 리처드 도너)'도 '슈퍼맨'으로 표기한다. 그런데 거리에는 '수퍼'란 간판을 단 가게가 적지 않다. '슈퍼맨' 크리스토퍼 리브와 수퍼에서 일하는 '수퍼맨'을 구분하기 위함일까? 이어지는 외국어 전사법에 대한 설명이 흥미롭다.

> '외국어 전사법'은 국제음성기호(IPA)나 특정 글자 따위로 외국어의 말소리를 옮겨 적는 방법을 말한다. (위 같은 글)

'전사법'은 외국어의 말소리를 옮겨 적는 법인데, 문제는 한글처럼 소리를 표기하는 기능이 뛰어난 글자도 외국어의 발음을 완벽하게 표현할 수 없다는 데 있다.

> 외국어 발음에는 강세, 장단, 억양도 의미 변별에 중요한 작용을 하므로 '오렌지'를 '어륀지'로 적는다고 해서 외국인이 이해할 수 있는 발음을 보장해 주는 것은 아니다. (위 같은 글)

'어륀지 소동'을 기억할 것이다. '오렌지'라고 하면 외국인이 알아듣지 못하니까, '어륀지'라고 해야 한다는 주장이었다. 이명박 정부 출범 당시 대통령직인수위원회 이경숙 위원장이 한 얘기인데, 외래어로서 '오렌지'와 영어를 구사할 때 쓰는 '어륀지'를 구분하지 못해서 나온 실언이었다.

심지어는 '어륀지'를 위해 영어몰입교육을 해야 한다는 웅장한 계획까지 내놨었는데, 이건 정말 황당무계한 얘기였다. 영어몰입교육에 대해서는 여전히 찬반 의견이 분분할 수 있지만, 당시 현실적으로 영어 수업조차 영어로 가르칠 수 있는 교사가 절대 부족한 상황에서 국어를 제외한 국사, 수학, 과학 등을 모두 영어로 수업하겠다는 발상과 '근자감'과 배짱의 출처는 어디였을까? 혹시 교육은 백년대계?

> 우리말에 없는 모든 외국어의 발음을 표현하기 위하여 새 표기 방식을 도입한다면 온 국민이 익혀야 할 표기가 엄청나게 늘어나게 되므로, 교육, 인쇄, 출판 등의 분야에서 비용이 과다하게 발생하는 등 언어생활에 혼란을 초래할 수 있다.
> 외래어 표기법은 우리나라 사람들끼리 원활한 국어 생활을 하려는 데에 목적이 있는 것이지, 한글을 외국어의 발음 부호처럼 써서 외국어 발음을 충실히 옮겨 적는 데에 목적이 있는 것은 아니다. (위 같은 글)

외래어 표기법은 외국에서 들어온 말을 우리말 속에서 사용할 때, 일정한 표기를 사용함으로써 혼동을 일으키지 않고 국어생활의 편리를 높이고자 한 것이다. 원지음에 가깝게 표기한다고 '콤퓨러, 컴퓨러'라고 쓰거나, 그것도 부족해 묘한 기호를 글자 위나 옆구리에 붙여서 눈을 어지럽게 할 필요는 없다. '수퍼'나 '어륀지', '컴퓨러' 같은 발음은 외국인과 대화할 때 필요하니, 영어 공부할 때 목구멍이 붇고 입천장이 헐고 혀가 꼬이고 입술이 돌아가도록 연습하면 된다.

손 글씨 세대는 글을 쓸 때 연필이나 펜을 사용했다. 학창 시절 공책에 필기를 하거나 숙제를 할 때도 맞춤법에 신경을 많이 썼지만 때때로 웃어른께 편지를 보낼 때나 연애편지를 쓸 때에는 열과 성을 다해 각별한 주의를 기울였다.

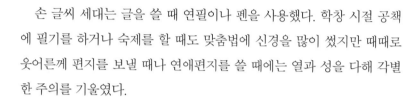

> 어제밤에는 잘 들어갔나요? 제가 집까지 바래다 드렸어야 했는데, 극구 사양하는 바람에 뻐스 정류장에서 헤어졌네요. 영희씨 뻐스가 출발하고 나서 저도 뻐스를 탔읍니다. 집에 도착하니 10시가 넘어 전화를 걸어 잘 도착했는지 물을 수 없었읍니다. 저는 내일 농활을 하러 청주 근처에 있는 시골마을로 떠납니다. 2주일 정도는 서울에 없고, 영희씨를 만날수가 없읍니다. 벌써부터 영희씨가 보고 싶읍니다만, 다시 서울로 돌아올때까지는 꾹 참을수밖에 없네요.
> 영희씨가 이 편지를 읽을 즈음에 저는 밭에서 구슬땀을 흘리고 있을겁니다. 날이 푹푹 찌니 더위 먹지 않도록 조심하시고, 아무쪼록 몸건강히 잘 지내시기 바랍니다. 청주 하늘 아래에서도 영희씨만을 생각하고 있을 당신의 종 동수 드림.

젊었을 때 연애편지 제법 썼지만, 안 쓰던 연애편지를 억지로 쓰려니 쉽지 않다. '당신의 종'은 너무 나갔을까? 그럼에도 무리해서 짤막한 글을 쓴 것은, 컴퓨터에 상주해 계시는 '빨간 줄 선생님'에 대한 얘기를 하고 싶어서다.

요즘에는 대부분 컴퓨터로 글을 쓴다. '엠에스(MS)'도 마찬가지지만, '아래한글'에도 빨간 줄 선생님이 계시다. 학창 시절 첨삭 지도를 하시던 빨간 펜 선생님처럼 무섭거나 처음부터 끝까지 자상하게 모든 것을 설명해 주시지는 않지만, 글줄 중간 중간 철자나 띄어쓰기가 의심스러운 곳에 모습을 보이신다.

글을 쓰다가 빨간 줄이 보이면, '응, 뭐지?' 하고 확인할 필요가 있다. 띄어쓰기를 고치거나 철자를 고치면 빨간 줄 선생님은 스르르 사라지신다. 빨간 줄 선생님은 틀렸다고 야단을 치지도 않고 꿀밤을 때리지도 않는다. 수정이 필요한 곳에 나타나셨다가 고쳐짐과 동시에 자취를 감추신다. 어디로 가시는지는 알 수 없으나, 글을 쓸 때마다 나타나시는 걸 봐서는 문서 가까이에서 24시간 대기하고 계심이 틀림없다. 다음은 위 연애편지를 작성할 때 나타나신 빨간 줄 선생님이다.

<u>어제밤에는, 뻐스, 탔읍니다, 없었읍니다, 없읍니다, 싶읍니다만</u>

이상은 철자가 틀린 것이어서 다음과 같이 고치면 빨간 줄이 사라진다.

어젯밤에는, 버스, 탔습니다, 없었습니다, 없습니다, 싶습니다만

다음은 띄어쓰기가 틀린 것인데, 규범에 맞게 바로잡으면 빨간 줄이 사라진다.

영희씨를, 만날수가, 돌아올때까지는, 참을수밖에, 있을겁니다, 몸건강히, 영희씨만을
→ 영희 씨를, 만날 수가, 돌아올 때까지는, 참을 수밖에, 있을 겁니다, 몸 건강히,
영희 씨만을

　빨간 줄 선생님은 소리 없이 현신하여 말없이 잘못된 부분을 일러주고, 글쓴이 스스로 수정할 수 있도록 도와주신다. 참으로 이해할 수 없는 건 이렇게 고마운 빨간 줄 선생님을 무시하는 글쓴이들이 제법 많다는 것이다. 아래한글이나 엠에스로 작성했음이 분명한 글로 보임에도 사소한 잘못조차 수정돼 있지 않은 것이 종종 발견된다. 그래서 빨간 줄 선생님은 이따금 슬프고 우울하다.

　빨간 줄 선생님이 100% 완벽하신 것은 아니다. 기본적인 철자, 띄어쓰기 잘못 등은 어김없이 일러주시지만, '다시 한 번'의 띄어쓰기가 '다시 한번'으로 통일된 것도 아직 모르시고, 글의 맥락을 읽지 못하시는 경우도 있다. '창밖에 비가 내리네.'라는 문장에서 '창밖에'는 '창 밖에'로 띄어 써야 하고, '이 방에는 작은 창 밖에 없어요.'라는 문장에서는 반대로 '작은 창밖에'라고 붙여 써야 하는데, 빨간 줄 선생님은 나타나시지 않는다. 2%가 부족하시다. 그래도 빨간 줄 선생님 덕분에 기본적인 잘못을 줄일 수 있어 감사하다.

한국인이 가장 어려워하는 맞춤법

2020년 4월 한국인이 가장 어려워하는 맞춤법 설문 결과가 발표되었다. 조사를 주관한 것은 잡코리아와 알바몬이었고, 대상은 성인 남녀 853명이었다. 영예의 1위를 차지한 '띄어쓰기'에 대해서는 다음 장에서 꼼꼼히 살피기로 하고, 먼저 10위부터 2위까지 내용을 찬찬히 들여다보면서 적절한 우리말 비타민을 찾아보자.

10위는 2014년 알바몬에서 조사했던 '충격적인 맞춤법 실수'에서 1위에 올랐던 '감기 빨리 낳으세요.'와 내용상 같은 '낫다와 낳다'가 차지했다. 앞서 '말도 짝이 있다'에서 설명했지만, 어학은 반복 학습이 생명이다. '낫다'는 '병이나 상처가 회복되었다는 뜻'이니 몸이 아픈 친구에게는 '빨리 나아.', '낳다'는 새끼나 알을 생산하는 것이니 출산을 앞둔 친구에게는 '아들이든 딸이든 쑥쑥 낳아.'라고 쓴다. 형용사로서 '어떤 것과 비교해서 조금 더 좋다.'라는 뜻의 '낫다'도 있으니, 덤으로 알아두면 더 '나은' 우리말 사용자가 될 수 있다. '모르는 것보다는 아는 게 낫다!'

9위는 '맞히다와 맞추다'이다. 두 낱말 모두 여러 가지 뜻을 가지고 있지만, 사용 빈도가 잦은 '맞히다'는 '정답을 맞히다.' 또는 '과녁을 맞히다.'처럼 쓰고, '맞추다'는 '구두를 맞추다.' 또는 '퍼즐을 맞추다.'처럼 쓴다. 시험을 본 후에 친구와 함께 각각 쓴 답을 비교할 때는 '서로 답을 맞춰 보았다.'처럼 쓸 수 있으니, 이런 경우 '문제의 답을 맞히다.'와 헷갈리지 않도록 주의하자.

8위는 'ᅦ'와 'ᅢ'인데, '게'와 '개' 또는 '에'와 '애'의 구분은 아닐 테고, 종결 어미 '-데'와 '-대'의 구분일 텐데, 두어 가지 관점에서 돋보기를 들이대야 한다.

① 먼저 종결 어미 '데'와 '대'의 차이다. 국립국어원 온라인가나다에 올라온 질문에 대한 답변에서 "'-대'는 직접 경험한 사실이 아니라 남이 말한 내용을 간접적으로 전달할 때 쓰이고, '-데'는 화자가 직접 경험한 사실을 나중에 보고하듯이 말할 때 쓰이는 말로 '-더라'와 같은 의미를 전달하는 데 쓰입니다."라고 설명하고 있다. 따라서 '데'는 '사람참 많던데.'처럼 자신의 경험을 말할 때, '대'는 '사람이 많대.'처럼 남의말을 전할 때 쓴다. 이때 '대'는 '-다고 해'를 줄인 것이다.

-다고 해 → -대

---

② 다음은 연결 어미 '-는데'의 '데'이다. 표준국어대사전에 따르면, 연결 어미 '-는데'는 뒤에서 어떤 일을 설명하거나 묻거나 시키거나 제안하기 위하여 그 대상과 상관되는 상황을 미리 말할 때에 쓴다. '동수는 그녀를 좋아하는데, 그녀는 철수를 좋아한대.'라는 문장에서 '좋아하는데'의 '는데'처럼 말이다. '좋아한대'의 '대'는 위 ①과 마찬가지로 그녀의 말을 전하고 있다. 이처럼 '데'와 '대'의 구분이 다소 복잡하고 까다로운 것도 '동수와 그녀와 철수의 삼각관계'도 비극이다!

③ 마지막으로 '-대'는 말을 전하는 '대'만 있는 것이 아니고, '왜 이렇게 일이 많대?' '월드컵에서 우리 팀이 우승을 했대?' '경제 규모 세계 10위라는데 왜 이렇게 사는 게 힘들대?' 등 의문을 나타내는 '대'도 있는데, 여기에는 놀라거나 못마땅하게 여기는 뜻이 섞여 있다.

-데(-는데)	① 눈이 많이 왔던데. (= 왔더라.) ② 남자 친구가 있는데 다른 남자를 만나네.
-대	① 동수가 사건 현장을 봤대. ② 영희가 도망갔대? 철수가 기절했대?

7위는 존댓말이다. 표준국어대사전에 따르면, 존댓말은 '사람이나 사물을 높이는 말'로 '아버님' '선생님' 같은 직접 높임말과 '아드님' '따님' '진지' 같은 간접 높임말, '뵙다' '여쭙다' '드리다' 같은 객체 높임말 등이 있다. 사용역이 워낙 넓고 표현이 까다로운 만큼 실수하기도 쉬워 조심해야 하는데, 이에 대해서는 20여 년이 지난 지금까지도 잊히지 않는 소중한 추억 한 가지를 공개한다.

1990년대 초반 거금 240만 원을 주고 구입한 컴퓨터 사용법을 배우러 컴퓨터 교실에 다녔다. 젊은 강사가 문서 작성, 이메일 송수신, 인터넷 검색 방법 등을 친절하게 가르쳐 주어 좋았는데, 말끝마다 '모르는 게 있으면 저한테 여쭤봐 주세요.'라고 했다. '궁금한 게 있는데 여쭤봐도 될까요?'라고 하면 상대를 높이는 것이지만, '저한테 여쭤봐 주세요.'는 자기 자신을 높이는 말이다. 일주일 동안 수업을 들으면서 '기회를 봐 넌지시 조언해야겠다.'라고 생각했는데 실행에 옮기지 못했다. 컴퓨터 사용법은 잘 배웠지만 올바른 존댓말 사용법을 전파하지 못해 못내 아쉽다!

6위는 '않과 안'이다. 국립국어원 온라인가나다에 따르면, '않다'는 '아니하다'의 준말, '안'은 '아니'의 준말이다. 따라서 '아니하다'를 줄여 쓸 자리에는 '않다'를 쓰고, '아니'를 줄여 쓸 자리에는 '안'을 쓴다. 예를 들어 '아무 말도 아니하다. 먹지 아니하다'의 '아니하다'를 줄일 때에는 '아무 말도 않다, 먹지 않다'와 같이 쓰고, '아니 먹다, 소리가 아니 들리다'의 '아니'를 줄일 때에는 '안 먹다, 소리가 안 들리다'와 같이 쓴다. 명쾌하다! 더는 '헷갈리지 <u>않을</u> 것이고, <u>안</u> 헷갈릴 것이다.'

안 ← 아니	나는 지난여름에 네가 한 짓을 안 봤다.
않다 ← 아니하다	나는 지난여름에 네가 한 짓을 보지 않았다.

5위는 '던지와 든지'이다. 표준국어대사전에 따르면, '던지'는 '막연한 의문이 있는 채로 그것을 뒤 절의 사실과 관련시키는 데 쓰는 연결 어미'이고, '든지'는 '나열된 동작이나 상태, 대상들 중에서 어느 것이든 선택될 수 있음을 나타내는 연결 어미'이다. 다시 말해 '던지'는 주로 과거에 일어난 일을 말할 때, '든지'는 뭔가를 선택하는 상황에서 쓴다고 기억하면 좋다.

던지 - 과거	집에 있으면서 얼마나 많이 먹었던지 '확찐자'가 되었다. 지난겨울은 얼마나 추웠던지 생각하기도 싫다.

든지 - 선택	밥을 먹든지 국수를 먹든지 빵을 먹든지 입맛대로 먹어라. 무엇을 하든지 네가 하고 싶은 것을 해라.

4위는 '왠지와 웬지'이다. '왠지'를 '웬지'라고 쓰거나 '웬'을 '왠'으로 헷갈리는 경우인데, 일단 두 글자 '왠지'와 한 글자 '웬'으로 기억할 필요가 있다. '왠지'는 '왜 그런지 모르게'라는 뜻으로 쓰는 부사여서 '왠지 부끄러웠다.'처럼 뒤에 동사나 형용사가 오고, '웬'은 '어찌 된'이란 뜻의 관형사여서 '웬 떡!'처럼 뒤에 명사가 온다. '왠지'를 '왜-인지'가 준 말이라고 생각하면 더는 '왠지'와 '웬지'를 혼동하지 않을 것이다. 그래도 헷갈린다면 '왠지 계속 헷갈린다.'처럼 쓰고, 헷갈리지 않는다면 '웬 일이니? 설명이 귀에 쏙쏙 들어오네.'처럼 쓴다.

왜-인지 → 왠지

3위는 '이와 히'이다. '이'와 '히'로 끝나는 낱말들은 형태도 비슷비슷해 번번이 실수하기 십상이므로 정신 무장 단단히 하고 곰곰 생각하면서 깊숙이 파고들 필요가 있는데, 기본은 '한글 맞춤법 제4장 제20, 23, 25항'에서 설명하고 있으니, 눈코 뜰 새 없이 바쁘지 않다면 일생에 한 번쯤은 꼭 일독해 보시기 바란다. 다음은 '이'와 '히' 때문에 초등학교 때 받아쓰기 100점 문턱에서 좌절했던 임수민 아나운서가 언론에 공개한 '이히 비타민'이다. (한국일보, [우리말 톺아보기] '이'와 '히', 2015. 6. 28.)

'꼼꼼' 같은 어근에 '하다'가 붙으면 대체로 '히'가 붙는다.	꼼꼼하다 → 꼼꼼히 쓸쓸하다 → 쓸쓸히 꾸준하다 → 꾸준히
'하다'가 붙더라도 '깨끗'처럼 어근이 ㅅ으로 끝나면 대체로 '이'가 붙는다.	깨끗하다 → 깨끗이 반듯하다 → 반듯이 버젓하다 → 버젓이 지긋하다 → 지긋이 어렴풋하다 → 어렴풋이
'하다'가 붙더라도 '깊숙'처럼 어근이 ㄱ으로 끝나면 '이'가 붙는 경우가 많다.	깊숙하다 → 깊숙이 끔찍하다 → 끔찍이 홀쭉하다 → 홀쭉이
'솔직'처럼 어근이 ㄱ으로 끝나더라도 '히'가 붙는 경우가 있다.	솔직하다 → 솔직히 엄격하다 → 엄격히

임 아나운서가 '이'와 '히'가 붙는 낱말을 관찰하고 위와 같은 규칙성을 발견한 데 대해 박수를 보낸다. 그런데 하나에서 열까지 규칙적이면 좋겠지만, 말에는 불규칙한 변화와 예외가 많다. "'구구절절, 홀쭉' 등에는 '하다'가 붙지만, '구구절절히, 홀쭉히'가 아닌 '구구절절이, 홀쭉이'이고, '생긋, 줄줄, 땀땀, 첩첩' 등에도 '이'가 붙으니, '생긋이, 줄줄이, 땀땀이, 첩첩이'네." 하는 식으로 기억할 수밖에 없다. '이, 히' 때문에 현기증도 나고 울고 싶기도 하지만, 그렇다고 해서 불평은 말자. 영어에도 규칙동사(stop-stoped-stoped), 불규칙동사(do-did-done)가 있고, 명사의 복수형 또한 boys(-s), buses(-es), knives(-ves), mice 등등 불규칙하지만, 헬렌에게 따지지도 않고 인상도 쓰지 않고 고분고분 따라하지 않나!

2위는 '되와 돼'이다. '되'는 '되다'의 어간이다. '되다'는 '되고, 되니, 되면, 되어' 등으로 활용하는데, '돼'는 '되어'의 준말이다. 여기에 어간

'되'는 단독으로 쓸 수 없고, 주로 존대의 뜻을 나타낼 때 쓰는 조사 '요'는 종결어미 뒤에 붙여 쓴다는 점을 기억하면 그렇게 어렵지 않다. 그럼, 아래 예문 ①과 ②에서 '되'와 '돼'를 구분해 보자.

> ① 슬플 땐 울어도 (되 / 돼).
> → 어간 '되'는 단독으로 쓸 수 없으므로 '되어'가 준 '돼'가 맞다. 슬플 땐 울어도 돼.
> ② 울면 안 (되요 / 돼요).
> → 조사 '요'는 종결어미 뒤에 붙여 쓴다. 따라서 어간 '되' 뒤에 바로 붙지 못하고 '되어'가 준 '돼' 뒤에 붙는다. 울면 안 돼요.

'되'와 '돼'를 구분하는 기본 정보는 이 정도이지만, 워낙 많은 곳에서 다양한 형태로 쓰여 헷갈린다. 그동안 얼마나 많은 한국인들에게 골탕을 먹였는지, 인터넷에서 '되와 돼'로 검색하면 '3초면 구분할 수 있다.'는 마법(?)의 비타민 공식을 즉각 얻을 수 있다.

'되'와 '돼' 자리에 '되어'를 넣어 어색하면 '되', 자연스러우면 '돼'	① 선생님이 (되)고 싶어. → '되' 자리에 '되어'를 넣으면 '되어고'가 되어 어색하다. ② 이거 해도 (돼)요? → '돼' 자리에 '되어'를 넣으면 '되어요'가 되므로 자연스럽다.
'되'와 '돼' 자리에 '하'와 '해'를 넣어 '하'가 자연스러우면 '되', '해'가 자연스러우면 '돼'	① 이거 해도 (되)니? → '되' 자리에 '하'를 넣으면 '하니'가 되어 자연스럽고, '해'를 넣으면 '해니'가 되어 부자연스럽다. ② 이거 해도 (돼)요? → '돼' 자리에 '하'를 넣으면 '하요'가 되어 부자연스러우나, '해'를 넣으면 '해요'가 되어 자연스럽다.

이해가 된다면?(○) 됀다면?(×) 도움이 되겠지만(○) 돼겠지만(×), 글을 쓸 때마다 '되어'와 '하, 해'를 대입해 확인하는 것도 번거로운 일이고, 이런 식의 접근법은 별로 마음에 들지 않는다. 소견이지만 기본에 충실한 것이 정도가 아닐까?

다시 말해 '돼'는 '되어'의 준말이고 어간 '되'는 단독으로 쓸 수 없으며 '되' 뒤에 '요'가 바로 붙을 수 없다는 것을 염두에 두고, 뉴스든 소설이든 논문이든 뭐든 읽으면서 눈과 귀, 머리 등 온몸으로 익히는 방법이 최상의 비타민이 '될' 것이다.

'돼'는 '되어'의 준말	새가 되어 날아가리. 새가 돼 날아가리.
어간 '되'는 단독 사용 불가	헤어지면 되.(X) 포기하면 되.(X) 헤어지면 돼.(○) 포기하면 돼. (○)
'요'는 종결 어미 뒤에 사용	앉으셔도 되요.(X) 가셔도 되요.(X) 앉으셔도 되어요.(○) 가셔도 돼요.(○)

5장

맞춤법 정복을 위한
띄어쓰기와 사이시옷

띄어쓰기가 어렵지만, '성과 이름 붙이고, 호칭어와 관직명은 띄어 쓴다.'라는 것은 한 번만 머릿속에 입력하면 절대 실수하지 않을 수 있다. 그럼에도 신문이나 방송에서 '윤대통령, 김여사'라고 쓰는 경우도 많고, 인터넷에는 무수한 '조박사님, 한동민관장님, 변정욱감독님' 등이 등장한다. '등'도 항상 앞말과 띄어 쓰므로, '사과, 귤, 딸기 등'으로 써야 하는데, '사과, 귤, 딸기등'이라고 쓴다. '딸기'에 등이 있나? 어려운 것을 실수하는 것은 누구라도 이해할 수 있지만 이렇게 간단한 것을 계속 틀리는 것은 좀처럼 이해가 되지 않는다.

띨까 말까

언젠가 고속도로에서 '동시흥분기점 6km'란 이정표를 보고 고개를 갸우뚱했다. '6km 더 가서 동시에 흥분하라고? 왜지?'라고 생각했는데, 곰곰 생각해 보니 '동시흥 분기점'을 붙여 쓴 것이었다. 그날 '동시흥분기점'에서 동시에 흥분한 운전자들이 큰 사고를 내지는 않았지만, 운전자에게 자칫 잘못된 신호를 줄 수도 있다.

학창시절 국어 선생님은 '아버지 가방에 들어가시다.'라는 문장을 칠판에 적으면서 띄어쓰기를 잘못하면 '아버지가 방에 들어가신다.'라고 말씀하셨다. 요즘 인터넷에도 '무지개 같은 선생님'을 잘못 쓴 '무지개같은 선생님'이나 '누나가 자꾸만 져요.'를 잘못 쓴 '누나가 자꾸 만져요.' 같은 글도 보이는데, 띄어쓰기의 어려움과 필요를 동시에 실감케 한다.

2020년 잡코리아와 알바몬이 젊은 남녀를 대상으로 설문 조사를 한 결과 헷갈리는 맞춤법 1위도 띄어쓰기였다. 띄어쓰기가 너무 어렵다는 하소연은 어제오늘 얘기가 아니다. 없애자는 무리한 요구도 있지만, 너무 까다로우니 쉽게 하자는 의견에는 많은 사람이 공감하는 것 같다. 시인 이상은 1934년 조선중앙일보에 '오감도'라는 난해한 시를 발표했는데, 띄어쓰기를 하지 않았다.

제십삼의아해도무섭다고그리오.

십삼인의아해는무서운아해와무서워하는아해와그러케뿐이모혓소.(다른사정은업는

것이차라리나앗소)

원문은 '第十三의兒孩도'처럼 국한문 혼용이지만 한글로 바꾸었다. 단어를 띄지 않고 죽 붙여 썼기 때문에 띄어 읽는 것은 독자의 몫이었다. 띄어쓰기를 하지 않은 때문은 아니었고 '오감도'는 도무지 무슨 내용인지 이해할 수 없다는 독자의 빗발치는 항의 때문에 예정된 30편을 다 싣지 못하고 15편에서 연재가 중단되었다.

이상은 왜 그렇게 난해한 시를 띄어쓰기도 하지 않고 썼을까? 내용에 대해서는 문외한이어서 알 수 없지만, 1934년이란 시점은 조선어학회가 띄어쓰기를 규정한 한글 맞춤법 통일안을 제정한 이후여서 왠지 '규정'을 '구속'으로 인식한 시인의 반발은 아니었을까 하는 의구심이 든다. 띄어쓰기는 1896년 4월 7일 순 국문으로 발간된 '독립신문'에서 처음으로 선보였다.

국문을 이러케 떼여 쓴즉 아모라도 이신문 보기가 쉽고 신문속에 잇는말을 자세히

알어 보게 흠이라(독립신문, 창간호 1896. 4. 7.)

누구라도 신문을 보기 쉽게, 내용을 자세히 알게 하기 위해서 띄어 썼다. 그러니까 띄어쓰기는 글을 쓰는 사람이 아닌 글을 읽는 독자를 배려하는 마음에서 나온 것이다. 영감을 준 것은 영어였을 것이다. 독립신

문 창간의 주역인 서재필은 미국에서 살다 귀국했고, 주시경은 배재학당에서 신학문을 공부했다. 단어와 단어를 띄어 쓰는 영어를 보면서 자연스럽게 우리말도 띄어 쓰는 것이 읽기 좋다고 판단했을 것이다.

그런데 영어 띄어쓰기는 쉬운데 한국어 띄어쓰기는 왜 어려울까? 두 언어가 서로 다른 특성을 갖고 있기 때문이다. 영어는 단어 자체의 형태 변화로 그 단어의 문법성을 나타낼 수 있는 굴절어이고, 한국어는 실질적인 의미를 가진 단어 또는 어간에 문법적인 기능을 가진 요소가 차례로 결합함으로써 문장 속에서의 문법적인 역할이나 관계의 차이를 나타내는 교착어다.

영어는 hope(명사 및 동사) - hopeful(형용사) - hopefully(부사) - hopeless(부사) 등과 같이 기본형에 글자가 추가되어도 모두 붙여 쓰고 단어와 단어는 띄어 쓰는데, 'This is my school.'처럼 단어의 구분이 뚜렷하다. 한국어에 없는 전치사 to, from, with 등도 'go to school', 'come from Korea', 'play with her'처럼 앞뒤 낱말과 띄어 쓰는 것이 어렵지 않다.

한국어 역시 '단어와 단어를 띄어 쓰는 것'이 띄어쓰기의 대원칙이다. 주시경 제자들이 중심이 된 조선어학회가 1933년 제정한 '한글 맞춤법 통일안' 총론에서 "문장의 각 단어는 띄어 쓰되, 토는 그 웃 말에 붙여 쓴다."라고 정했고, 현행 한글 맞춤법에서도 "문장의 각 단어는 띄어 씀을 원칙으로 한다."라고 규정하고 있다.

'단어와 단어를 띈다.'라는 원칙은 간단하지만, 문제는 우리말의 특성 때문에 띄어야 할 단어인지 붙여야 할 합성어인지, 다른 단어에 붙는 조사나 접사인지, 보조 용언을 어디까지 붙일 수 있는지 등을 판단하는 것이 꽤나 까다롭다는 것이다. 어릴 때는 띄어쓰기 때문에 친구하고 자주 싸웠다.

재환아, 너 왜 '그러고 나서'를 붙여 썼냐?

뭐가? '그러고나서'는 붙여 쓰는 게 맞지.

아니야, '그러고 나서'는 한 단어가 아니어서 띄어서 '그러고 나서'라고 써야 돼.

아닐걸! 내가 지난번에 어떤 책에서 봤는데, '그러고나서'라고 붙여 썼던데.

어떤 책에 그렇게 쓰여 있는데?

응? 어떤 책인지는 생각 안 나지만, 여하튼 '그러고나서'라고 쓰여 있었어.

야, 웃기지 말고 책 가져와 봐. '그러고나서'는 무슨?

아니야, 정말로 '그러고나서'가 맞다니까.

이게 정말! 너 우길래?

우기기는 누가 우겨? 네가 우기는 거지.

뭐? 내가 우겼다고? 너 죽을래?

뭐, 죽을래? 이게 진짜...

지금은 스마트폰으로 검색만 해도 '그러고 나서'라는 걸 바로 확인할 수 있지만, 그때는 이런 정도도 해결할 방법이 없어 얼굴을 붉히고 핏대를 세우곤 했다. 띄어쓰기는 목숨 걸 만큼 중요했다! 여하간 지금도 띄어쓰기는 글을 쓸 때마다 헷갈리는데, 예를 들어 '모두'를 뜻하는 관형사 '전'은 '전 세계, 전 국민'처럼 띄어 쓰지만, '크다'는 뜻의 접두사 '대'는 '대가족, 대보름'처럼 붙여 쓴다. 이때 '전'은 관형사이므로 띄고,

'대'는 접두사이니 붙인다는 것을 알고 있어야 한다.

'삽살'과 '개', '풍산'과 '개'의 합성어인 '삽살개, 풍산개'는 한 단어 여서 붙여 써야 하지만, '○○ 개 삼 년이면 풍월을 읊는다.'라는 속담에 나오는 '○○ 개'는 합성어, 즉 한 단어가 아니어서 '서당 개'로 띄어 써야 한다. 의존명사 '뿐'은 "소문으로만 들었을 뿐이네."라고 쓰지만, 조사 '뿐'은 "이제 믿을 것은 오직 실력뿐이다."처럼 붙여 쓴다. 아, 띄어쓰기는 글을 쓰는 사람의 업이다!

띄어쓰기 띄어 쓰기

띄어쓰기를 잘 하기 위해서는 규칙을 알아야 하는데, 기본은 한글 맞춤법 제5장 띄어쓰기에 담겨 있다. 찬찬히 들여다보면 난이도가 높은 것도 있지만 다 그런 것은 아니다. 다음은 되도록 간단명료하게 요약한 내용이다.

① 조사는 앞말에 붙인다
  - 단어와 단어는 띄어 쓰지만, 독립성이 없는 조사는 앞말에 붙여 쓴다.
    예) 당신은, 나는, 사랑이, 꿈을, 시금치를, 고향에서, 누구도, 꽃이나마, 어디까지나
  - 조사가 둘 이상 겹치거나, 조사가 어미 뒤에 붙는 경우도 붙여 쓴다.
    예) 집에서처럼, 친구에게까지, 친구에게까지도, 나가면서까지도

② 의존명사는 띈다
    예) '아는 것이 힘이다.'에서 '것'은 의존명사이기에 띄어 쓴다.

③ 단위명사는 띈다
    예) 차 한 대, 열 살, 조기 한 손

④ 다만, 순서를 나타내는 경우나 숫자와 어울려 쓰일 때는 붙여 쓸 수 있다.
    예) 두시 삼십분 오초, 삼학년, 2020년 3월 30일

5장 맞춤법 정복을 위한 띄어쓰기와 사이시옷

⑤ 수를 적을 적에는 만 단위로 띄어 쓴다.
　예) 오십육만 칠천팔백구십팔, 10억 56만 7898
　단, 사이에 다른 숫자가 끼어드는 것을 방지하기 위해 금액은 붙여 씀을 허용한다.
　예) 10억 56만 7898원 → 일금10억56만7898원

⑥ 두 말을 이어주거나 열거할 적에도 띄어 쓴다.
　예) '국장 겸 과장' '청군 대 백군' '책상 걸상 등이 있다'

⑦ 단음절로 된 단어가 연이어 나타날 적에는 붙여 쓸 수 있다.
　예) 그때 그곳, 좀더 큰것

⑧ 보조 용언. 띄어 씀을 원칙으로 하되, 때에 따라 붙여 씀도 허용한다.
　예) '불이 꺼져 간다', '불이 꺼져간다' 앞이 원칙이고 뒤를 허용한다.

　규정처럼 보조 용언은 띄어 쓰는 것이 원칙이나 붙여 쓸 수도 있어서, '그릇을 <u>깨뜨려 버렸다</u>'를 '그릇을 <u>깨뜨려버렸다</u>'라고 쓸 수 있다. 그런데 앞말에 조사가 붙거나 앞 단어가 합성 용언인 경우는 보조 용언을 앞말에 붙여 쓰지 않기 때문에, '먹어도 보았다'를 '먹어도보았다'라고 쓰거나 '쫓아내 버렸다'를 '쫓아내버렸다'라고 쓸 수는 없다. 애고!

⑨ 고유명사 및 전문용어. 성과 이름은 붙여 쓰고, 호칭어, 관직명 등은 띄어 쓴다.
　예) 홍길동, 성춘향 님, 한준택 이사, 어사 이몽룡, 유성찬 작가, 이상희 관장, 김 여사

⑩ 전문용어는 단어별로 띄어 씀을 원칙으로 하되, 붙여 쓸 수 있다.
  예) 한국 대학교 사범 대학, 한국대학교 사범대학
     대한 중학교, 대한중학교 / 만성 골수성 백혈병, 만성골수성백혈병
     국립 국어원 기획 연수부 기획 운영과, 국립국어원 기획연수부 기획운영과

'홍길동'은 성과 이름을 붙여 쓰지만, 성과 이름의 구분을 정확히 하기 위해 '남궁 옥분'이라고 쓸 수 있다. '남궁옥분'이라고 붙여 쓰면 성이 '남' 씨이고 이름이 '궁옥분'도 가능하기 때문이다. 전문용어는 '국립국어원 기획연수부 기획운영과'처럼 붙이는 것이 가능하지만, '국립 국어원기획 연수부기획 운영과'라고 쓸 수는 없다. 왜냐하면 '국립국어원'이 기관명으로 한 단위이기 때문에 '국립'과 '국어원'을 떼고, '국어원'에 '기획'을 붙여 '국어원기획'이라고 쓰면 의미나 내용이 달라질 수 있기 때문이다.

띄어쓰기가 어렵다고 하지만, '성과 이름 붙이고, 호칭어와 관직명은 띄어 쓴다.'라는 것은 한 번만 제대로 기억하면 절대 실수하지 않을 수 있다. 그럼에도 신문이나 방송에서 '윤대통령, 김여사'라고 쓰는 경우도 많고, 인터넷에는 무수한 '조박사님, 한동민관장님, 변정욱감독님' 등이 등장한다. '등'도 항상 앞말과 띄어 쓰므로, '사과, 귤, 딸기 등'으로 써야 하는데, '사과, 귤, 딸기등'이라고 쓴다. '딸기'에 등이 있나? 어려운 것을 실수하는 것은 누구라도 이해할 수 있지만 이렇게 간단한 것을 계속 틀리는 것은 좀처럼 이해가 되지 않는다.

성과 이름 붙이고, 호칭어와 관직명은 띄어 쓴다	박인한 김항경 씨 남택수 피디 홍 반장
의존명사 '등'은 항상 앞말과 띄어 쓴다	여수, 순천, 광양 등과 같은 해안 도시 성격이나 행동 등이 잘 나타난 대목

이제 띄어쓰기에 대한 고민이 해결되었을까? 아마도 그렇지 않을 것이다. 여전히 물음표이거나 수수께끼일지도 모른다. '석-달-만-에'를 쓸 때, '달'이 단위 명사이므로 우선 '석'과 '달'을 띄고, '만'은 의존명사이니 또 띄면 '석 달 만'이 되고, '에'는 조사이니 앞말에 붙여서 '석 달 만에'라고 쓴다는 식으로 성분을 분석해 가면서 정확히 판단하는 것이 쉽지 않기 때문이다.

그래도 포기하는 것보다는 노력하는 것이 맞다. 사실 띄어쓰기는 글을 쓰는 사람에게는 고통일 수 있지만, '신문 보기를 쉽게 하기 위함'이라는 독립신문의 정신에 담겨 있듯이 읽는 사람에게는 아주 편안한 규칙이다. 글쓰기가 업인 사람은 글쟁이로서 책무도 있는 것이니, 독자들이 쉽고 편안하게 읽을 수 있는 글을 쓰기 위해 노력해야 한다. 헷갈릴 때는 국립국어원 누리집에 가서 띄어쓰기 비타민을 복용하면 된다. 띄어쓰기 비타민은 평생 공짜다!

사이시옷의 비밀 ①

※ 사이시옷의 비밀 ① ~ ⑦은 2018년 2월부터 5월까지 '뉴스톱' '정재환의 팩트체크'에 연재한 글을 수정하고 보완했다.

과음한 이튿날 숙취를 푸는 데는 해장국이 좋다. 콩나물 해장국, 선지 해장국, 북엇국 등으로 속을 푼다. 선지 해장국은 '해장'을 생략하고 '선지국'이라고도 하는데, 이때 사이시옷이 들어가 '선짓국'이 되었다. 그러고 보니 '북엇국'에도 사이시옷이 들어갔다. 왜 난데없이 사이시옷이 끼어들었을까? 선지나 북어 말고 뭔가 특별한 맛을 내는 비장의 재료를 넣은 것일까?

1970~80년대 청춘을 보낸 5060세대가 좋아하는 우순실의 '잃어버린 우산'이란 노래가 있다. 처음 제목을 들었을 때, 잃어버린 우산이 얼마나 아깝고 그리웠으면 노래까지 만들었을까 하는 생각을 했지만, 그런 게 아니었다.

안개비가 하얗게 내리던 밤 그대 사는 작은 섬으로

나를 이끌던 날부터 그댄 내게 단 하나

우산이 되었지만 지금 빗속으로 걸어가는 나는 우산이 없어요.

(우순실, 잃어버린 우산)

'잃어버린 우산'은 작은 섬으로 나를 이끌고 간 그대였다. 지금은 육

지와 연결돼 있지만, 과거에는 영종도, 용유도, 남이섬 같은 곳은 배를 타고 들어갔고, 마지막 배를 놓치면 꼼짝없이 섬에서 밤을 보내야 했다.

> 어, 큰일이네. 배가 끊겼다는데...
>
> 배가 없다고? 어떡해? 나 집에서 쫓겨난다 말이야.

그런 사정을 잘 몰랐거나 모르는 척했던 여자 친구와 함께 섬에 들어가 결혼에까지 성공한 행운아도 있었는데, 안개비에 휩싸인 작은 섬의 몽환적인 분위기도 한몫 톡톡히 했을 것이다. 여하간 서정적인 분위기를 물씬 풍기는 '안개비'는 순우리말 '안개'와 '비'가 만났지만, 소리의 변화가 없어 사이시옷이 들어가지 않는다.

이렇듯 두 낱말이 만나 하나의 낱말이 될 때 소리의 변화 여부에 따라 사이시옷이 들어가기도 하고 안 들어가기도 한다. '선짓국이 맛있을까, 선지국이 맛있을까?'를 고민하는 사람은 없겠지만, 글을 쓰다보면 사이시옷을 넣어야 할지 말아야 할지 고민하게 된다. 우리말 비타민이 필요하다.

한글 맞춤법 제4장 형태에 관한 것 제4절 합성어 및 접두사가 붙은 말 제30항 1의 (1)

제30항 사이시옷은 다음과 같은 경우에 받치어 적는다.

1. 순우리말로 된 합성어로서 앞말이 모음으로 끝난 경우

(1) 뒷말의 첫소리가 된소리로 나는 것

순우리말끼리 만났을 때 뒷말의 첫소리가 된소리가 되는 낱말로 '귓

밥, 나룻배, 나뭇가지, 냇가, 맷돌, 모깃불, 못자리, 바닷가, 뱃길, 부싯돌, 선짓국, 쇳조각, 아랫집, 잇자국, 조갯살, 잿더미, 찻집, 쳇바퀴, 핏대, 햇볕, 혓바늘' 등이 있다.

> 모기-불 → [모:기뿔/모:긴뿔] → 모깃불
>
> 재-더미 → [재떠미/잰떠미] → 잿더미
>
> 선지-국 → [선지꾹/선짇꾹] → 선짓국
>
> 차-집 → [차찝/찯찝] → 찻집

이렇게 파고든 사이시옷은 뒷말 첫소리를 된소리로 발음하라는 신호이기도 하다. 따라서 핏줄, 핏대 등도 [피쭐/핃쭐], [피때/핃때]라고 발음한다. 지금까지 [피줄]이나 [피대]는 들어본 적이 없다.

덧: 우리말에는 장음과 단음이 있다. 글을 쓸 때 장음을 표시하지 않지만, 사전에는 장음 표시(:)가 들어가 있다. 글자 뒤에 ':'가 붙어 있으면 장음으로 발음한다. 세종이 훈민정음을 창제할 때는 우리말에 평성(낮은 소리) · 상성(처음은 낮고 나중은 높은 소리) · 거성(가장 높은 소리) · 입성(짧고 빨리 끝나는 소리) 등 사성이 있어 소리의 높낮이 구분이 있었으나 차츰 사라졌다.

반면 장단음은 여전히 구분이 있어 '살맛[살:맏] 나는 세상'을 '살맛[살맏] 나는 세상'이라 하면 맛있는 '고기'를 많이 먹어 즐거운 인생이라 할 수 있겠지만, '사는 것이 재밌는 세상'의 의미는 아닐 것이다. 그런데 지금도 그렇지만 미래에는 장단음의 구분이 더욱 흐릿해질 것이

5장 맞춤법 정복을 위한 띄어쓰기와 사이시옷

다. 방송국에 갓 입사한 아나운서들은 뉴스 원고를 미리 읽으며 전화(電畵[전:화]), 사전(事前[사:전]), 한강(漢江[한:강]), 저력(底力[저:력]) 등에 밑줄을 치며 연습했는데, 점점 할 일이 줄고 있다.

사이시옷의 비밀 ②

돌아선 그대 등에 흐르는 빗물은, 빗물은

이 가슴 저리도록 흐르는 눈물, 눈물(송골매, 빗물)

'돌아선'이 눈에 들어 온 순간, 가슴 시린 젊은 날의 추억을 떠올렸을까? 가슴에 사무칠 정도로 익숙한 빗물은 '비'와 '물'이 만난 합성어다. 사이시옷은 헷갈린다는 불만이 많지만 그 누구도 '비물'이라고 쓰지는 않을 것이다.

'비'와 '물' 사이에 꼽사리낀 '사이시옷'에 대해 낯설어 하거나 의심하거나 거부하지 않는다. 사이시옷을 어색해 하거나 불편해 하는 태도와 대조적이다. 같은 사이시옷인데 어떤 경우는 공기나 바람처럼 자연스럽고 어떤 경우는 목에 걸린 생선 가시처럼 견디기 힘들 정도로 어색한 이유는 무엇일까?

한글 맞춤법 제4장 제4절 제30항 1의 (2)

제30항 사이시옷은 다음과 같은 경우에 받치어 적는다.

1. 순우리말로 된 합성어로서 앞말이 모음으로 끝난 경우

(2) 뒷말의 첫소리 'ㄴ, ㅁ' 앞에서 'ㄴ' 소리가 덧나는 것

빗물이 순우리말 '비'와 '물'이 만난 합성어라는 점은 순우리말끼리 만난 '안개비'와 같지만, 뒷말 '물'의 첫소리가 'ㅁ'이어서 비와 물 사이에 'ㄴ' 소리가 덧나 사이시옷이 들어간다.

비-물 → [빈물] → 빗물

'빗물'은 발음이 [빈물]이어서 'ㄴ' 소리가 덧나는 것을 알 수 있다. '장맛비'는 [장마삐/장맏삐]가 올바른 발음이지만, [장마비]로 발음하는 사람도 많아서 서로 자기네가 맞는다고 티격태격한다. 이에 비하면 빗물은 일말의 갈등도 없으니 온 국민이 [빈물]로 하나 되었다고 해도 과언이 아닐 정도로 명쾌하다. '빗물'처럼 사이시옷이 자연스럽게 들어가는 낱말은 다음과 같다.

아래-니 → [아랜니] → 아랫니
내-물 → [낸물] → 냇물
뒤-머리 → [뒨머리] → 뒷머리
깨-묵 → [깬묵] → 깻묵

'아랫니'는 뒷말 첫소리가 'ㄴ'이고, '뒷머리'는 뒷말 첫소리가 'ㅁ'이다. '빗물'과 마찬가지로 모두가 눈에도 귀에도 익숙하다. 아랫니를 [아래이]로, 아랫마을을 [아래마을]로, 뒷머리를 [뒤머리]로, 잇몸을 [이몸]으로, 깻묵을 [깨묵]으로, 냇물을 [내물]로 발음하는 사람은 보지 못했다.

사이시옷의 비밀 ③

코로나 시대를 지나며 배달 음식을 먹는 사람이 늘었다. 문제는 뒤처리다. 음식물 쓰레기와 일회용품을 함부로 버려 악취가 진동하기도 하고, 평화롭게 지내야 할 이웃사촌이 악다구니를 쓰며 다투기도 한다. 최근 이런 문제와 분쟁을 해결해 주는 수거 업체가 등장했다. 돈을 받는 만큼 '뒤처리'가 깔끔한데, 신문에는 '뒷처리'도 많이 보인다.

> 코스닥 상장사들이 M증권사발 '찍기성' 전환사채(CB) 뒷처리에 골머리를 앓고 있다.
> (Dealsite, 대형 증권사발 '찍기성 CB' 뒷처리 난항)

> 윤 대통령이 직접 사과하고 외교부에서 뒷처리 잘해야. (뉴스외전 포커스, 박지원 "대통령이 이란에 직접 사과해야 수습 가능")

> '파산 뒷처리 전문가' 레이 CEO, FTX맡아 시급만 168만원 (조선비즈, 2022. 12. 15.)

언론 고시를 통과한 기자들이 헷갈릴 정도라면 역시 쉽지 않다. 하지만 기사를 작성할 때 '뒷처리' 아래 '빨간 줄 선생님'이 나타나셨을 텐데, 왜 무시했을까? '빨간 줄 선생님'이 보내는 신호에만 주의를 기울였어도 '뒤처리'는 깔끔했을 것이다.

뒤처리와 비슷한 '뒷감당'이나 '뒤끝, 뒷일' 같은 낱말은 모두 '뒤'와 다른 낱말이 결합했다. 그런데 어떤 것은 사이시옷이 들어가고 어떤 것은 들어가지 않아 헷갈리지만, 우리말 비타민이 있으니 걱정 마시라!

제30항 사이시옷은 다음과 같은 경우에 받치어 적는다.
1. 순우리말로 된 합성어로서 앞말이 모음으로 끝난 경우
(3) 뒷말의 첫소리 모음 앞에서 'ㄴㄴ' 소리가 덧나는 것

'순우리말-순우리말'이고, 뒷말의 첫소리 모음 앞에서 ㄴㄴ 소리가 덧날 경우 사이시옷을 적는다. 일단 '뒤처리'는 순우리말 '뒤'와 한자어 '처리(處理)'의 합성어여서 해당되지 않는다. 순우리말끼리 붙어 사이시옷이 들어가는 것은 다음과 같다.

> 뒤-일 → [뒨닐] → 뒷일
>
> 베개-잇 → [베갠닏] → 베갯잇
>
> 깨-잎 → [깬닙] → 깻잎
>
> 나무-잎 → [나문닙] → 나뭇잎

아름다운 대숲으로 유명한 담양의 '대통밥'은 쪼개지 않고 자른 대나무에 찹쌀과 잡곡, 고구마, 은행 등을 넣어 짓는다. '대'와 '통'이 만나 '대통'이 될 때는 사이에 ㄴㄴ 소리가 덧나지 않으므로 그냥 '대통'이 되지만, '대'와 '잎'이 만날 때에는 ㄴㄴ 소리가 덧나므로 '댓잎[댄닙]'이

된다.

　복잡하다. 뭔가 뒷말이 나올 것 같은 분위기다. '뒷말'은 앞에서 본 것처럼 '뒷말의 첫소리 ㄴ, ㅁ 앞에서 ㄴ 소리가 덧나는 경우'여서 사이시옷이 들어갔다. 뒷말에는 '뒤에 오는 말'이라는 의미도 있지만, '일이 끝난 뒤에 뒷공론으로 하는 말'이란 의미도 있다. '아, 뒷공론이 또 나왔다!' 이놈의 사이시옷의 비밀을 풀다가 10년은 늙을 것 같으니, 뒷공론으로 넘어가기 전에 사이시옷으로 얽히고설킨 머릿속을 푸는 의미에서 조동진의 '나뭇잎 사이로'를 들어보자. '나무잎 사이로'가 아니다!

　　　나뭇잎 사이로 파란 가로등 그 불빛 아래로 너의 야윈 얼굴
　　　지붕들 사이로 좁다란 하늘 그 하늘 아래로 사람들 물결
　　　여름은 벌써 가버렸나 거리엔 어느새 서늘한 바람
　　　계절은 이렇게 쉽게 오가는데 우린 또 얼마나 어렵게 사랑해야 하는지

2002년에 한국방송공사에서 아나운서 손미나 씨와 함께 『장밋빛 인생』이란 프로그램을 진행했는데, 첫 방송하던 날 스튜디오에 걸린 '장밋빛'이 어색했다. 대부분 '장미'에 익숙했기에 '장미빛 인생'이라고 생각했는데 올바른 표기는 '장밋빛'이었다.

한글 맞춤법 제4장 제4절 제30항 2의 (1)

제30항 사이시옷은 다음과 같은 경우에 받치어 적는다.

2. 순우리말과 한자어로 된 합성어로서 앞말이 모음으로 끝난 경우

(1) 뒷말의 첫소리가 된소리로 나는 것

새(순우리말)-강(江 한자어) → [새:깡/샏:깡] → 샛강

피(순우리말)-기(氣 한자어) → [피끼/핃끼] → 핏기

해(순우리말)-수(數 한자어) → [해쑤/핻쑤] → 햇수

전세(傳貰 한자어)-집(순우리말) → [전세찝/전섿찝] → 전셋집

'샛강'은 '순우리말-한자어', '전셋집'은 '한자어-순우리말'이고 뒷말 첫소리가 된소리로 나기 때문에 사이시옷이 들어갔다. '장미-빛' 역시 '한자어 장미(薔薇)-순우리말 빛'이고 된소리가 나서 '장밋빛'이 됐다.

한자어 장미(薔薇)-순우리말 빛 → [장미삗/장믿삗] → 장밋빛

'사이시옷의 비밀 ③'에서 뒤처리를 하지 않은 '뒤처리' '뒷감당' '뒷공론' 역시 '순우리말-한자어'의 구조다. 뒷감당과 뒷공론은 '뒤-堪當, 뒤-公論'이고, 뒷말 첫소리가 된소리로 나기 때문에 '뒷감당[뒤:깜당/뒫:깜당], 뒷공론[뒤:꽁논/뒫:꽁논]'이 된다. 반면 '뒤-處理'는 뒷말 첫소리가 된소리가 나지 않아 '뒤처리'로 적는다. 이쯤에서 이런 의심도 들 것이다.

일부러 사이시옷을 집어넣고 뒷말 첫소리를 된소리로 내라는 것 아닐까?

합리적 의심이지만 결코 그렇지 않다. '뒷감당'이라고 표기하기 때문에 발음을 [뒤:깜당/뒫:깜당]으로 하는 것이 아니다. 말이 먼저고 표기는 나중이다. 대부분의 사람들이 [뒤:깜당/뒫:깜당]이라고 발음하는 것을 면밀히 관찰·파악한 다음에 소리의 변화가 생긴 것을 나타내기 위해 사이시옷을 넣어 표기한 것이다.

요즘 [달기]라고 발음하는 사람은 드물고 대부분 [다기]라고 하지만, '닭이'의 본디 발음은 [달기]다. 선조들이 '닭' 혼자 있을 때는 [닥]하고 발음하면서도 조사 '이' 또는 '을'이 붙을 때는 [달기, 달글]이라고 발음했기에 받침에 ㄹ과 ㄱ을 모두 포함하는 '닭'이라 한 것이다.

끝으로 '뒤끝'에는 왜 사이시옷이 들어가지 않는 것일까? '뒤-일'인

　　　　　5장 맞춤법 정복을 위한 띄어쓰기와 사이시옷

경우에 사이시옷이 들어가 '뒷일'이 되는 것을 '사이시옷의 비밀 ③'에서 확인했지만, '순우리말-순우리말'로 된 '뒤끝'에 사이시옷이 들어가지 않는 이유는 설명하지 못했다.

이유는 '뒤'도 '끝'도 순우리말이지만 둘이 만날 때에는 ㄴ 또는 ㄴㄴ 소리가 덧나지 않기 때문이다. 소리를 내보면 금방 확인할 수 있다. '뒤끝'의 발음은 [뒤:끋]이지 [뒨:끋]이 아니다. 따라서 사이시옷은 필요 없다. 이렇게 친절한 설명에도 투덜거리는 사람은 뒤끝깨나 있는 사람일 것이다. 뒤끝 작렬!

사이시옷의 비밀 ⑤

수년 전 드루킹 사건으로 세상이 시끄러웠다. '사건의 진실'에 이목이 집중되었지만, 또 하나 눈길을 끈 것은 '분윳값'에 들어간 사이시옷이었다. "드루킹 분윳값도 못 벌었다"라는 기사가 떴는데, 같은 말을 '분윳값', '분유값', '분유 값' 등으로 표기해 어지러웠다.

> (같이 사는 10년 동안) 생활비를 받은 적 없고 재산이 있는 사람이 아니다. <u>분윳값</u> 등
> 생활비도 모두 딸이 벌어서 생활했다. (YTN)

> 드루킹, <u>분유값</u>도 못벌었다. (채널A)

> 오늘 기사도 보면 그 드루킹 씨는 <u>분유 값</u>도 벌어온 적이 없다고 드루킹 씨 장모가
> 이야기 했는데요, (tbs 김어준의 뉴스공장)

'분윳값', '분유값', '분유 값' 중 어떤 것이 바른 표기일까? 일단 '분유 값'이란 표기는 이를 두 낱말로 본 것이어서 사이시옷이 끼어들 틈이 없다. 문제는 합성어로 본 '분윳값'과 '분유값'이고, 둘의 차이는 사이시옷의 유무다. '분유-값'을 하나의 낱말로 간주한다면, 사이시옷의 비밀 ④에서 확인한 대로 "순우리말과 한자어로 된 합성어로서 앞말이 모음

으로 끝난 경우, 뒷말의 첫소리가 된소리로 나는 것"에 해당하므로 사이시옷이 들어간 '분윳값[부뉴깝]'이 맞다. 조사 '이'를 포함하면 '분윳값이[부뉴깝씨]' 된다.

그런데 '옷값'이나 '떡값', '집값', '밥값', '땅값' 등 사전에 오른 합성어와 달리 '분윳값'은 사전에 올라있지 않다. 따라서 '분유'와 '값'을 띄어 쓴 '분유 값'이 맞다. 언론 보도나 인터넷상에서 흔히 접하는 '휘발윳값', '기저귓값' 등도 '휘발유 값', '기저귀 값'이라고 띄어 써야 한다. 왜 앞엣것들은 하나의 낱말로 인정하면서 뒤엣것들은 인정하지 않는 것일까?

물건을 뜻하는 명사 뒤에 '값'이 올 경우, 실시간으로 사전에 올리지 못한다 하더라도 너그럽게 둘을 붙여 쓰고 하나의 낱말로 받아들이면 혼란을 줄일 수 있지 않을까? 표준국어대사전에서 "일부 명사 뒤에 붙어 '가격', '대금', '비용'의 뜻을 나타내는 말"로 규정하고 있는 '값'의 설명에서 '일부'란 단서만 떼어내도 문제를 쉽게 해결할 수 있다.

((일부 명사 뒤에 붙어)) '가격', '대금', '비용'의 뜻을 나타내는 말.
→ ((명사 뒤에 붙어)) '가격', '대금', '비용'의 뜻을 나타내는 말.

이렇게 하면 앞에 무엇이 오든 설탕값, 음료숫값, 심부름값. 빌딩값, 과잣값, 빵값, 채솟값, 배춧값, 고깃값, 두붓값, 기름값 등처럼 몽땅 붙여 쓸 수 있어 띄어쓰기의 고민으로부터 해방될 수 있다. 공사다망한 대통령에게 이런 얘기가 전달될 리 없으니, 국립국어원에서 진지하게 검토해 줄 것을 강력히 요청한다.

제30항 사이시옷은 다음과 같은 경우에 받치어 적는다.

2. 순우리말과 한자어로 된 합성어로서 앞말이 모음으로 끝난 경우

(2) 뒷말의 첫소리 'ㄴ, ㅁ' 앞에서 'ㄴ' 소리가 덧나는 것

한자어 계(契)-순우리말 날 → [곈:날/겐:날] → 곗날

한자어 제사(祭祀)-순우리말 날 → [제:산날] → 제삿날

한자어 후(後)-순우리말 날 → [훈:날] → 훗날

한자어 퇴(退)-순우리말 마루 → [퇸:마루/퉤:마루] → 툇마루

한자어 양치(養齒)-순우리말 물 → [양친물] → 양칫물

순우리말과 한자어로 된 합성어에서 앞말이 모음으로 끝나고, 뒷말의 첫소리 'ㄴ, ㅁ' 앞에서 'ㄴ' 소리가 나면 사이시옷이 들어간다. 예시된 5개의 낱말 중 '곗날·제삿날·훗날'과 같은 형태의 '단옷날[다논날]', '세숫물[세:순물]' 등은 사전에 올라 있지만, 자주 쓰는 '이삿날'이나 '휴갓날' 등은 사전에 없으니, 어색하고 섭섭해도 '이사 날', '휴가 날'이라고 써야 한다.

덧: 사전에 올라 있으면 한 낱말, 사전에 없으면 한 낱말이 아니어서 단어와 단어는 띄어 쓴다는 원칙에 따른다. 한 낱말인지 아닌지는 스마트폰으로 간단히 검색할 수 있지만, 이마저도 귀찮아하는 사람도 엄청 많다. 국어 전문가조차 사전을 보지 않고 합성어 여부를 판단하는 것은

어렵고 사이시옷 삽입 여부는 더더욱 어려우므로 이에 대한 너그러운 자세가 필요하다. 물론 국어교사, 국어 학자, 작가, 기자 등 글쓰기가 업인 사람은 직업상 우리말에 대한 남다른 노력을 기울여야 할 것이다. 밥값하기 쉽지 않다!

사이시옷의 비밀 ⑥

귀를 의심했다. 바이든 대통령과 무대 위에서 짤막한 대화를 나눈 윤 대통령이 혼잣말처럼 중얼중얼하는 소리가 흘러나왔다. '국회에서 이 ××들이 승인 안 해주면 바이든이 쪽팔려서 어떡하나?' 헐, 이거 실화? '깜놀'이란 말로는 부족했다. 현실 감각을 잃을 정도로 엄청난 충격을 받았다. 대한민국의 대통령이 '이 ××들이'라니? 대통령도 사람이지만, 각국 정상이 함께 한 외교 무대에서 나라를 대표하는 대통령이 할 말은 아니었다.

'이 ××들이'는 분명 욕이었는데, 묘하게도 논점은 '바이든이냐, 날 리면이냐'로 넘어가 있었다. '바이든'이라면 외부 욕설, 즉 미국에 대한 욕이고, '날리면'이라면 내부 욕설, 즉 우리 국회 특히 야당을 향한 욕이 다. 이 ××들이 = 미국 국회, 또는 이 ××들이 = 우리 국회 야당! 어느 쪽이든 '이 ××들이'는 욕이므로 나와서는 안 될 말이었다. 'ㅅ'의 사용 은 언제 어디서나 신중해야 한다.

한글 맞춤법 제4장 제4절 제30항 2의 (3)
제30항 사이시옷은 다음과 같은 경우에 받치어 적는다.   2. 순우리말과 한자어로 된 합성어로서 앞말이 모음으로 끝난 경우   (3) 뒷말의 첫소리 모음 앞에서 'ㄴㄴ' 소리가 덧나는 것

한자어 가외(加外)-순우리말 일 → [가왼닐/가웬닐] → 가욋일

한자어 사사(私私)-순우리말 일 → [사산닐] → 사삿일

한자어 예사(例事)-순우리말 일 → [예:산닐] → 예삿일

한자어 후(後)-순우리말 일 → [훈:닐] → 훗일

    '가욋일', '사삿일', '예삿일', '훗일' 등에는 덧나는 소리 ㄴㄴ의 소릿값을 표기하기 위해 사이시옷을 넣는다. 그리고 '소릿값' 또한 '소리값'으로 쓰면 안 된다. '사이시옷의 비밀 ①'에서 확인했듯이 '순우리말로된 합성어로서 앞말이 모음으로 끝난 경우, 뒷말의 첫소리가 된소리로날 때 사이시옷이 들어간다.'라는 규정에 해당하기 때문이다. '소리'와 '값'이 만나면 그 발음은 [소리갑]이 아니고 [소리깝/소릳깝]이다. 조사 '이'를 붙여 발음하면 [소리깝씨/소릳깝씨]가 된다. 간혹 '빌딩값을' [빌딩까블]이라고 발음하는데 '빌딩'에는 '갑'이 없다. '성냥갑'처럼 빌딩을 씌우는 '갑'이 있으면 눈비가 올 때 좋겠지만...

두루 확인한 것처럼 두 낱말, 즉 '순우리말-순우리말' 혹은 '순우리말-한자어/한자어-순우리말'의 상황에서 된소리가 나거나 ㄴ 또는 ㄴㄴ 소리가 날 때, 변화된 소릿값을 표기하기 위해 사이시옷을 쓴다. 아울러 사이시옷이 들어가 있으면, 발음할 때 된소리, ㄴ 또는 ㄴㄴ 소리를 내야 한다.

사이시옷에 관한 마지막 규정인 한글맞춤법 제30항 3에서는 예외적으로 사이시옷이 들어가는 두 음절 한자어 6개를 제시하고 있다.

한글맞춤법 제4장 제4절 제30항 3

제30항 사이시옷은 다음과 같은 경우에 받치어 적는다.
    3. 두 음절로 된 다음 한자어

곳간(庫間)[고깐/곧깐] 셋방(貰房)[세ː빵/셋ː빵] 숫자(數字)[수ː짜/숟ː짜]
찻간(車間)[차깐/찯깐] 툇간(退間)[퇴ː깐/퉫ː깐] 횟수(回數)[회쑤/휃쑤]

제시된 두 음절 한자어 6개 외에는 사이시옷을 넣지 않는다. 몸이 아프면 병원을 찾게 된다. 목이나 코에 문제가 생기면 이비인후과, 뼈나 근육에 문제가 생기면 정형외과, 아이들이 아프면 소아과에 간다. 이비인후과는 '이비인후(耳鼻咽喉)-과(科)', 정형외과는 '정형(整形)-외과

(外科)', 소아과는 '소아(小兒)-과(科)'로, 각각 [이:비인후꽈], [정:형외꽈/정:형웨꽈], [소:아꽈]로 소리 나지만, 사이시옷을 넣어 '이비인훗과', '정형욋과', '소앗과'라고 적지 않는다.

쌍떡잎식물 갈래꽃류의 하나인 '장미과(薔薇科)'도 '장미(薔薇)-과(科)'로 소리는 [장미꽈]지만, '장밋과'라고 쓰지 않는다. 앞에서 확인한 '장밋빛'에 사이시옷이 들어가는 것과 비교하면 다소 혼란스럽지만, '장미'와 만난 '빛'은 순우리말이고, '장미과'는 '한자어-한자어'이기 때문이다.

사용 빈도가 높은 초점(焦點)과 개수(個數)도 마찬가지다. 초점은 [초쩜], 개수는 [개:쑤]로 뒷말 첫소리가 된소리로 나지만, 사이시옷을 넣어 '촛점', '갯수'라고 표기하지 않고, 원형을 밝히어 '초점', '개수'라고 적는다.

끝으로 외래어와 우리말이 만나는 경우는 어떨까? '오렌지', '에메랄드', '핑크', '피자' 등과 같은 외래어가 들어가는 합성어도 사이시옷을 넣지 않는다. 따라서 '오렌지빛', '에메랄드빛', '핑크빛', '길모퉁이 피자집'이라 적는다.

6장

門化光 트윈데믹,
아리아리!

인류의 역사는 이동과 교류, 섞임의 순환이다. 국경과 인종과 민족을 초월해 교류하고 이동하고 주고받고 섞이며 어우러진다. 어디서나 다양한 인종과 민족을 만날 수 있으며 복수의 국적을 지닌 사람도 있다. 사람도 문화도 언어도 섞인다. 그럼에도 정체성은 존재하고, 언어 정체성은 같은 언어를 쓰는 민족 혹은 집단 정체성의 정수다.

1945년 해방이 되면서 일본어는 쓰지 말아야 할 언어가 되었다. 그럼에도 언어는 습관이라, '김 상(김 씨, 김 선생), 어디 가십니까?', '그럼 먼저 시츠레이시마스(실례하겠습니다).' 같은 말이 무심결에 튀어나왔다. 조선어학회는 우리말 도로 찾기 운동을 벌여 일상에 박힌 일제 잔재어를 우리말로 바꾸는 운동을 펼쳤다. '사시미'는 '생선회', '스시'는 '생선초밥', '우동'은 '가락국수', '벤또'는 '도시락', '덴푸라'는 '튀김', '오뎅'은 '어묵꼬치', '나베'는 '전골'로 바꾸었다. 그러나 '유도리(융통성)', '앗사리(산뜻하게, 시원스레)', '이빠이(많이)', '나시(민소매)' 등은 지금도 쓰이고 있고, 일본어 사용으로 하루아침에 스타(?)가 된 국회의원도 있었다.

> 이은재 의원은 7일 국회 예산결산특별위원회 전체회의에서... "이렇게 동료 의원들의 질의에 대해 평가하고 '야지'놓고 이런 의원을 퇴출하길 바란다."라고 말했다. 야지(やじ)란 일본말로, 야유한다는 뜻을 지니고 있다. 앞서 이 의원은 지난 2월 국회 교육문화체육관광위원회 전체회의에서 "자꾸 겐세이 놓지 말라."고 말한 전력이 있다. (서울경제, 2018. 11. 7.)

정치인은 욕을 먹든 칭찬을 듣든 유명해지면 좋다는 말도 있지만, 이은재 의원은 아무 생각이 없어 보인다. '다들 쓰는데 나는 쓰면 안 되

나?'라고 속으로 항변했을지 모르지만, 대한민국 국회의원이 국회에서 쓸 말은 아니다. 국회의원만 손가락질할 일은 아니다. 저명한 사회학자께서 페북에 쓴 글에 살면서 중요하게 생각하는 것 중 하나가 '가오'라고 했다. 가오(がお)는 우리말로 '얼굴'이다. '체면'과도 맞닿는다. '사람이 가오가 있어야지.'라는 말은 '창피해서 얼굴을 들 수가 있나?' '체면이 서야지.' 같은 표현과 비슷한 맥락으로 쓰인다.

'비어 있는 오케스트라'라는 뜻의 '가라오케(karaoke)'는 '가라(カラ)'와 오케스트라를 줄인 '오케(オケ)'의 합성어로 일제 잔재어는 아니다. 1971년 일본 고베시의 바와 스나쿠(スナック: 술집)에 처음 등장했는데, 선풍적인 인기를 끌면서 한국에서도 크게 유행했지만, 일본말이라는 이유로 단란주점이나 노래방 같은 말로 대부분 대체되었다.

지금 같으면 한일 간의 대등한 문화 교류 차원에서 너그럽게 외래어 정도로 수용할 수도 있을 것이다. 어떤 분야에 몰두해 전문가 이상의 열정과 지식을 지닌 사람을 가리키는 '덕후'는 일본어 '오타쿠(御宅)'를 한국식으로 발음한 '오덕후'의 줄임말인데, '오타쿠는 일본어니 쓰지 맙시다.'라는 얘기도 없었던 것 같은데(?), 어느 날 눈을 떠 보니 '덕후'로 바뀌어 있었다.

반면 일본어인지도 모르고 쓰는 일제 잔재어 '간지'도 있다. 일본어 간지(感じ)는 '느낌, 감각' 정도의 뜻을 지닌 말이다. 일본인들은 '感じがいい(느낌이 좋아).'라고 말한다. 그런데 이 '간지'는 가라오케나 오타쿠처럼 근래에 들어온 말이 아니고, 식민지 때 쓰던 말인데 해방 이후에도 영화나 방송 제작 현장에서 줄기차게(?) 써온 말이다. 글쓴이가 20대에 방송

국에 들어가 놀란 것 중 하나가 방송국에서 쓰는 일본어였다.

> 웃기려면 니주를 잘 깔아야 하고, 시바이를 잘 치고, 오도시가 있어야 돼. 이 장면은 간지 죽였지? 테이블에서 술병 떨어지는 건 이따가 데모치로 누끼로 찍지.

도대체 뭔 소리를 하는 걸까? 당구장이나 건설 현장에서 일본말 쓰지 말자는 캠페인도 하면서 자신들은 웬 일본말을 이렇게 많이 쓰는 걸까? 내로남불인가? 아니면 이율배반? 언어도단? 오랜 고민 끝에 동료 연예인들의 물심양면의 도움을 얻어 '시바이는 이제 그만'이란 제목으로 방송에서 쓰는 일본어 순화 용어집을 만들었다.

> 날마다 오도시를 생각하며 시바이를 연구하고 겐또를 굴리고 니주를 깔고, 제아무리 간지를 살려도 고작 삼마이 신세를 면할 수 없는 것이 현재 우리 방송인들의 말 글살이입니다. 방송사 안에 웬 일본말이 그리 많은지 바깥 사람들이 알면 대체 우리를 어떻게 생각할까요?

캬, 다시 봐도 명문! 그렇게 나는 내부 고발자가 되었고, 이 작은 책자를 3,000권 찍어서 문화방송, 한국방송공사, 서울방송(현 SBS), 교육방송 등을 돌아다니며 무료로 배부했다. 감동했다, 반성했다, 바꿔 보자, 수고했다 등등 반응이 뜨거웠다. 하지만 큰 변화는 없었다. 엉뚱하게도 이 책자를 방송 아카데미에서 교재로 쓴다는 말도 들렸다.

여러분, 방송국에서 일하려면 방송국에서 쓰는 말을 알아야 하는데, 마침 좋은 교재가 있으니 열심히 공부합시다. 자, '시바이'는 '대사'란 말인데요...

미친 ○들! 하긴 방송국에서 쓰는 일본말을 몽땅 수집해 뜻풀이를 하고 친절하게 대체어까지 제시했으니, 유일무이, 최고 수준의 전문 방송 용어(?) 교재였을 것이다. 그 중 하나인 '간지'가 일상으로 침투해 우리말 신조어처럼 쓰이기 시작했다. '간지가 좋아, 간지 짱' 하는 식으로 쓰더니, 상점에 '간지 블라우스, 간지 선글라스' 같은 선전 문구가 등장했으며, 급기야 '노간지'라는 노 대통령의 별명까지 나왔다. 노 대통령을 좋아하고 그리워하는 마음에 그랬겠지만, '간지'가 일제 잔재어라는 것을 알았다면 그런 별명을 감히 붙일 수 있었을까?

시각디자인 현장에서 쓰는 말로 알려진 '누끼' 역시 일제 잔재어다. 최근 스마트폰 사용자들이 사진 배경 지우는 것을 '누끼따기'라고 한다. 결국 '누끼(抜き)'마저 일상으로 나왔다. 일본어와 일제 잔재어는 다르다. 일제 잔재어를 전문용어로 포장하는 것은 참으로 후안무치한 짓이다.

일제 잔재어	사용	순화어
니주 二重	니주를 깔아라.	복선, 디딤판
시바이 芝居	시바이를 쳐라.	연극, 대사
오도시 落し	오도시가 좋아야 웃지.	반전
데모치 手持ち	이 장면은 데모치로 찍자.	들고 찍기
누끼 抜き	이 장면은 누끼로 땁시다.	따로 찍기

일제 잔재어	사용	순화어
겐또 見当	겐또를 굴려라.	계산, 예측, 가늠
삼마이 三枚	저런 삼마이를 봤나! (일본 가부키에서 우스꽝스러운 연기를 하는 배우를 가리키나, 방송국에서는 비중 없는 역, 보잘 것 없는 인물을 비하하는 말로 쓴다.)	순화어 없음. 굳이 쓴다면 단역

본문에 나온 일제 잔재어, 다시는 오용, 남용, 악용되지 않기를!

심심한 사과

사과에는 비타민 에이, 비, 시, 케이 등을 비롯해서 칼슘, 철분, 마그네슘 등 각종 영양소가 풍부하게 들어 있어 당뇨 예방과 심장에 좋다. 새콤달콤하면서도 시원한 맛이 나고 수분을 듬뿍 머금고 있어 갈증 해소에도 좋다. 껍질을 깎아 먹기도 하고 껍질 채 먹기도 하지만 심심한 사과를 좋아하는 사람은 드물 것이다.

맛이 '심심하다'는 것은 싱겁다는 뜻이다. 사과를 잘못 골랐다고 후회할 가능성이 높다. 하지만 반드시 그렇지 않을 수도 있는 것은 '심심하다'가 '깊고 깊다(深深)'일 수 있기 때문이다. 그렇다면 새콤달콤 시원하면서도 맛이 깊은 명품 사과가 된다. 하지만 이런 경우에는 대개 '맛이 아주 깊네.'라고 말할 터이니, '심심하다'는 역시 맛이 싱겁다는 푸념일 것이다.

잘못을 인정하고 용서를 구하는 '사과(謝過)'도 있다. '심심하다'와 마찬가지로 동음이의어다. 과일 '사과'와 용서를 구하는 '사과'를 구분하기 위해 한자로 '謝過'라고 쓰거나, 병기해 '사과(謝過)'라고 써야 한다고 주장하는 사람도 있지만, '맛있는 사과'와 '진심어린 사과'라는 표현에서 '과일'과 '용서를 구하는 행위'를 구분하지 못하는 사람은 없다. 잘못을 인정하고 사과할 줄 아는 사람이야말로 용기 있는 사람이라고 하는데, 2022년 8월, 정식으로 사과를 하고도 되레 욕을 먹은 사건이 발생했다.

웹툰 작가의 사인회를 준비하던 인터넷 카페에서 시스템 오류가 발생해 예약 혼란이 빚어진 것에 대해 '심심한 사과 말씀 드린다.'라는 글을 올렸는데, '심심한 사과? 나는 하나도 안 심심해 지금…, 진짜 제대로 된 사과도 아니고 무슨 심심한 사과?, 사과를 왜 심심하게 하는 거야!' 등등 비난하는 댓글이 달렸다. '심심하다'에 '마음의 표현이 깊고 간절하다.'라는 뜻이 있다는 것을 몰라 뚜껑이 열린 것이다.

2022년에는 유독 비슷한 사고가 많았다. 추석 연휴 '사흘'을 젊은 세대 일부가 '4일'로 오해했다. '4일인 줄 알았는데 3일이냐?'라는 볼멘소리도 나왔다. 연휴 4일이 3일로 줄면 공자님도 화를 낼지 모른다. '금일까지'를 '금요일까지'로 생각해 보고서를 제출하지 않은 대학생도 있었고, '무운을 빈다.'라는 말을 '운이 없기를 빈다.'라는 악담으로 해석한 사람도 있었다. 전장에 나가는 병사에게 승리를 기원하는 '무운(武運)'을 '운이 없기'를 바란다는 '무운(無運)'으로 오해했다.

우리말에 대한 오해와 무지가 꼬리를 물면서 많은 사람이 뜨거운 관심을 보였고, 걱정과 탄식이 교차했다. '이런 정도를 아는 것은 기본'이라는 지적, '무식이 당당한 시대'라는 비아냥이 터져 나왔고, 문해력을 높이기 위해 독서를 많이 해야 한다는 둥 한자 학습을 강화해야 한다는 둥 대안도 제시되었다. 평소 우리말에 시큰둥한 대중의 역린을 건드린 것은 무엇인가? 아니면 잘 드러나지는 않지만, 우리말에 대한 관심과 사랑이 내면 깊숙한 곳에 도사리고 있었던 걸까?

남 눈의 티는 잘 보이고 자기 눈의 들보는 보이지 않는다. 우리말에 대한 태도에서도 이런 현상을 목격한다. 내로남불은 정치판에서만 벌어지지 않는다. 남의 실수는 곧잘 지적하지만, 자기 실수는 보이지 않거나 적당히 덮거나 뭐가 문제냐는 태도를 보인다. '삼춘이 아니고, 삼촌이야. 너는 표준어도 모르냐?'라고 하면서, '가르치다'를 써야 할 자리에 '까불지 말고 삼촌이 가리켜 주는 대로 배우라.'며 목청을 높인다. 너는 똑바로 해야 하고, 나는 편한 대로 해도 된다는 태도다. 이번 사태에 열을 올린 사람 가운데에도 십중팔구 있을 것이다.

역지사지로 생각해 보면 얼마든지 이해할 수 있는 실수나 오해일 수 있다. '심심한 사과'를 평소 들은 적도 써 본 적도 없는 세대라면 모르는 게 당연할 수 있으니, 예약을 못해 화난 젊은 세대에게 뺨 한 대 더 때리는 2차 가해가 될 수도 있다. 마찬가지로 1일 2일 3일 4일 5일 6일에 익숙한 젊은 세대는 자신의 일상과 동떨어진 하루 이틀 사흘 나흘 닷새 엿새에 혼란을 느낄 수 있으며, 바쁜 마음에 '금일'을 '금요일'로 착각할 수도 있다. '금일' 대신 '오늘'을 썼다면 혼선은 없었을 것이다.

그럼에도 우리말에 조금만 관심을 가져도 이런 소동은 벌어지지 않았을 것이란 생각이 드는 것은, 복잡한 문법, 맞춤법, 화법 등 전공자여야 이해할 수 있는 난이도가 높은 영역에 속한 것이 아니고 국어사전만 찾아봐도 쉽사리 확인할 수 있는 내용이기 때문이다. 20여 년 전 지인에게 들은 얘기다. 불문학 전공인 그녀는 프랑스 유학 시절 친절한 노부부 댁에서 하숙했다. 저녁이면 함께 텔레비전을 보곤 했는데, 방송에서 알쏭달쏭한 말이 나올 때마다 거실 낮은 탁자 위에 놓인 프랑스어 사전을 펼쳐 들고 뜻을 확인하며 대화하는 노부부 모습에 깊은 감명을 받았다고 했다.

　요즘 종이 사전을 보는 사람은 거의 없겠지만, 과거에도 그다지 보지 않았다. 사전은 학교 다닐 때나 보는 것이고, 졸업 후 책꽂이에 꽂혀 있는 사전이 밖으로 나와 우리말의 속살을 드러내 보이는 일은 극히 드물다. 모국어라고 다 알 수 없다. 프랑스인 노부부가 밤마다 사전을 뒤적거리는 까닭은 모국어에 대한 궁금증을 풀기 위함이고, 궁금증은 프랑스어에 대한 끊임없는 관심과 호기심, 애정에서 나온 것이다. 지금은 스마트폰 하나면 우리말에 관한 지식과 정보를 쉽게 얻을 수 있으니, 우리말에도 눈과 귀를 열고 손가락을 좀 움직이자. 국어사전은 필수 우리말 비타민이다.

한글 전용 시대, 한자는 필요한가

'심심한 사과'는 한자를 몰라서 일어난 사건일까? 그럴 수도 아닐 수도 있다. 한자어 '심심'의 한자 '甚深'을 알았다면 오해는 없었을지도 모른다. 그런데 '심심한 사과' 정도는 알아야 한다며 혀를 끌끌 찬 사람들 중 '두텁다'는 '甚'과 '깊다'는 '深' 자를 아는 사람을 얼마나 될까? 장담하건대 대부분 몰랐을 것이다. 그럼에도 '심심한 사과'의 뜻을 알고 있다는 것은 한자의 생김새를 아는 것이 낱말의 의미를 파악하는 유일한 수단은 아니라는 증거다.

'牛乳, 豆腐, 鷄卵, 幼稚園, 學校' 등 한자를 모르는 유치원생이 우유, 두부, 계란, 유치원, 학교 등이 무엇인지 잘 아는 것을 보면 '한자를 알아야 뜻을 알 수 있다.'라는 주장은 역시 성립하지 않는다. 어린이는 성장하고 생활하면서 이런저런 상황과 맥락 속에서 낱말의 의미와 내용, 사용법 등을 배우며 터득한다. 그럼에도 우리말에 한자어가 많고 한글로 적힌 낱말의 '진짜'는 한자이므로 한자를 알아야 한다고 목소리를 높인다. 그렇다면 공평할 '公(공)'과 바를 '正(정)' 자를 모르면 '공정'이 무슨 뜻인지 몰라야 하는데, 누구나 '만사가 공정해야 한다.'라고 말한다.

한자 애호가는 '민주(民主)'의 '民'은 백성을 의미하고, '主'는 주인이므로, '民主'라고 써야 '백성이 주인'이라는 것을 쉽게 알 수 있다고 한다. 게다가 '民'은 '民本(백성이 근본)', '民權(백성의 권리)', '民謠(백성 혹은 민중의 노래)',

'民度(국민의 생활이나 문화 수준)' 등에 공통적으로 쓰이므로 '民'이 들어간 여러 낱말의 의미에 쉽게 접근할 수 있고 어휘력을 늘리는 데도 효율이 높다고 한다.

民
백성 민

소리: 민
뜻: 사람, 공민, 인민(人民)이라는 뜻을 나타내는 말.
백성

'民' 자를 공부하면 '民' 자가 들어간 낱말의 의미를 짐작할 수 있다. 뜻글자 한자의 장점일 것이다. 흥미로운 것은 한글 '민'도 그 같은 표의성을 갖는다는 점이다. 한글을 표음문자라 하니, 한글은 소리만 나타낸다고 착각하지만 그렇지 않다. 위 한자어들은 한글로 '민본, 민권, 민요, 민도'라고 쓰는데, 공통적으로 들어간 '민' 자를 봐도 '사람, 백성' 등과 관계있음을 알 수 있다. 한자 학습을 경험한 세대는 한자 '民' 자를 거쳐 한글 '민' 자의 의미를 생각하겠지만, 한자 학습 경험이 없는 세대는 한자 '民'을 거치지 않고 한글 '민'을 보고 뜻을 짐작한다.

더운 여름이면 사람들은 '나시'를 즐겨 입는다. '나시'는 일제 잔재어 '소데나시(そでなし)'의 준말이다. 즉 나시는 '소매가 없는 옷'을 가리키는데, 우리말은 '민소매'다. '민'은 '그것이 없다 혹은 딸린 것이 없다.'라는 뜻의 순우리말이다. '민무늬'는 무늬가 없는 것이고, '민낯'은 화장기 없는 얼굴이며, '민돗자리'는 아무 무늬나 꾸밈새 없이 짠 돗자리이다. 이

처럼 순우리말이어서 한자가 아닌 한글로 적는 '민'이지만 일정한 의미를 갖고 있다. 한자어 '反' 역시 '반'으로만 적어도 반독재, 반체제, 반비례 등등 무언가에 반대한다는 것을 알 수 있다.

 순우리말
뜻: 무언가가 없다 혹은 딸린 것이 없다.
민가락지, 민낯, 민낚시, 민돗자리, 민무늬, 민소매,
민꼬리닭

백보 양보해서 특정 한자를 익히면 그 한자가 들어간 낱말의 뜻을 파악하는 데 도움이 되는 측면이 있다는 것에 동의할 수 있지만, 꼭 그렇지도 않다는 것이 함정이다. 가령 '나누다'라는 뜻을 가진 '분(分)'을 알면 '분배(分配), 분할(分割), 분리(分離), 분류(分類), 분단(分斷), 분반(分班), 분수(分數)' 등을 이해하는 데 도움이 되겠지만 예외도 있다.

셋은 모두 한자로 '分子'라고 똑같이 적는다. 자, 여기서부터 수학의 분자(分子)와 과학의 분자(分子)와 어떤 부류의 사람인 분자(分子)를 구별할 방법을 한자 맹신자들에게 묻겠다. 어떻게 이를 가려낼 수 있는가? (이건범, 『한자 신기루』)

'분자'의 한자가 '分子'로 모두 똑같기 때문에 한자어 '分子'를 봐도 수학의 분자인지 화학의 분자인지 불만이 많은 분자인지 구분할 수 없다. 그런데 한자 '分子'를 몰라도 학생들은 수학 시간이나 과학 시간에

혼란 없이 잘 쓰고 있다. 독자들도 100% 공감하겠지만, 학생들은 불만분자, 불순분자, 불량분자 등이 앞 '분자'와 다르다는 것을 알고 있으며, 엄마 친구 분자 아주머니를 '분모/분자'나 '원자/분자'와 혼동하지 않는다. 물론 공정하지 못한 세상에 대해 늘 불만을 토로하는 분자 아주머니를 불만분자라고 생각할 수는 있겠다.

동음이의어는 한자 교육 강화에 이용되는 단골 메뉴다. '전시'라고 한글로 쓸 경우에는 어떤 '전시'를 뜻하는지 알 수 없기에 '展示', '戰時'라고 써야 한단다. 물론 낱말을 독립적으로 표기했을 때는 한자로 표기한 '展示'와 '戰時'가 '무언가를 보인다.'라는 '展示', '전쟁 중'이라는 '戰時'의 차이를 쉽사리 드러내준다. 하지만 실제로는 '시청에서 사진을 전시한다.' '전시에 많은 사상자가 발생했다.'라는 식으로 쓰기 때문에 한글로 써도 뜻을 파악하는 데 아무런 문제가 없다.

한자 없이 잘 통할 수 있는데도 한자 애호가는 한자어는 한자로 표기해야 한다며 고집을 부린다. 반드시 한자를 알고 한자로 적어야만 뜻이 통한다면, 말할 때도 입으로는 말을 하면서 한 손에 노트, 한 손에 연필을 들고 입에서 나오는 한자어를 일일이 적어 듣는 사람에게 실시간으로 보여줘야겠지만, 그러지 않아도 특별히 어려운 말이나 내용이 아니면 이해하는 데 문제가 없다. 한자어가 많이 섞인 입말을 이해한다면 글말에 한자가 없어도 이해하는 데 문제가 없다.

① 한글은 15世紀에 만들어졌지만, 한글을 積極 使用한 歷史는 解放 後 始作되었으므로 不過 70余 年이다.

② 한글은 15세기에 만들어졌지만, 한글을 적극 사용한 역사는 해방 후 시작되었으므로 불과 70여 년이다.

①이 쉬운지 ②가 쉬운지는 두말 할 나위가 없고, 한글만으로도 의미를 전달하는 데 부족함이 없다. 따라서 불필요한 한자를 넣을 필요가 없고, 억지로 한자를 써 놓고는 읽어야 한다며 한자 학습에 시간과 노력을 쏟아 붓는 것은 슬기롭지 못하다. 지금 학생들은 영어 학습에 공을 들이고 있다. 진학이나 취직 시에 뛰어난 영어 능력을 요구받기 때문인데, 영어를 공부하면서 얻는 것도 많고, 영어와 씨름하는 것만으로도 충분히 피곤하다.

간혹 중국을 염두에 두고 한자 학습을 주장하는데, 중국과 교류하기 위해 필요한 것은 중국어 학습이다. 슈퍼맨이 아닌 보통 사람에게는 선택과 집중의 전략이 필요하다. 물론 다 하겠다는 사람이나 한자가 좋아 공부하겠다는 사람 말릴 필요 없고, 고전이나 역사, 동양 사상 등을 공부하기 위해 옛 문헌을 보겠다는 사람이라면 '한문'으로 된 고전을 막힘 없이 술술 읽고 독해하고 구사할 수 있는 실력에 이를 때까지 형설지공, 인고단련, 절차탁마해야 한다. 대중의 문자생활은 한글로 하고, 한자 학습은 전문가를 양성하는 데 초점을 맞추어야 한다.

덧: '민'에서 보았듯이 한글은 뜻글자 속성을 지니고 있다. 1933년 제정한 '한글 맞춤법 통일안'에서 조선어학회는 '소리대로 적되, 어법에 맞도록 쓴다.'는 표기의 원칙을 제시했다. 장소를 뜻하는 명사 '곳'은 조

사가 붙을 경우, [고슨, 고시, 고세] 등으로 소리 나지만, 항상 '곳'이라고 써서 가까운 시간을 뜻하는 '곧', 바다 쪽으로 뻗은 '곶'과 구분할 수 있다.

용언도 마찬가지다. '먹다'는 '먹어, 먹으니, 먹는' 등으로 활용하는데, 소리 나는 대로 [머거, 머그니, 멍는]으로 적지 않고 어간을 '먹'으로 고정하여 '먹다'의 어간임을 드러낸다. 형용사 '작다' 역시 소리는 [자가, 자근, 자가] 등으로 나지만, '작아, 작은, 작아'라고 표기함으로써 '작'이 '작다'의 어간이라는 것과 '작다'라는 뜻을 짐작하게 한다.

● '門化光' 말고 '광화문'

붕어빵에 붕어만 없는 것이 아니라 광화문에도 '광화문'이 없고, '門化光'이 있다. 어린이들은 '門化光'을 봐도 '광화문'인지 모른다. 친구가 보여준 사진에 찍힌 것도 '門化光'이어서 중국이나 일본으로 해외여행을 다녀온 것으로 생각한다.

'門化光' 앞에서 기념사진을 찍은 외국인들은 거짓말쟁이가 되었다. 한국에 놀러 가서 찍은 사진이라고 친구들에게 자랑했지만, '門化光' 때문에 한국이라는 것을 믿지 않는다. 답답했지만, 사진 속 대문짝만하게 나와 있는 '門化光' 때문에 한국이라고 우기기 힘들었다.

그래, 나 베이징 갔다 왔다.

1970년대까지 거리에는 한자가 많았다. 집에 걸린 문패를 비롯해서 가게나 회사 간판에 이르기까지 대부분 한자였다. 한자 때문에 심부름 다니는 것도 무서웠다. '永華商社' 앞에서 "아저씨, 이 근처에 영화상사가 어디 있어요?"라고 물었다가 낫 놓고 기역 자도 모르는 무식한 ○이라고 무시당했다.

돌이켜 보면 남대문에 걸린 '崇禮門'이라는 현판을 보고 고개를 갸우뚱했던 일, '興仁之門'을 보고 '동대문'을 왜 넉 자로 썼을까 궁금해 했던 일 등이 모두 한자에서 비롯한 사건들이었다. 그 시절 유일한 위안은 '광화문'이었다. 초등학생도 한눈에 알아볼 수 있는 '광화문'은 신기했고 고마웠다.

경복궁에는 많은 한자 편액이 걸려 있다. 정전인 勤政殿(근정전), 편전인 思政殿(사정전), 침전인 康寧殿(강녕전), 세자궁인 資善堂(자선당) 등 전부 한자로 적혀 있다. 15세기에 훈민정음이 나왔지만, 뿌리 깊은 한자 더부살이의 역사는 고래 심줄마냥 질겼다. 그래서 임진왜란 때 불 탄 경복궁을 중건할 때도 한자로 된 편액을 걸었고, 정문에도 '門化光'이 걸렸다.

광화문에 한글 현판이 걸린 것은 1968년이었다. 한자 현판을 떼고 한글 현판을 단다는 것은 파격이었지만, 한글을 중시한 박정희 대통령은 대한민국의 중심에 한글 시대의 개막을 알리는 이정표를 세웠다. 한글을 소통의 근간으로 삼은 한글 대한민국 호의 출항이었다. 한글 '광화문'이 걸리자 꼬맹이들도 자신 있게 '광화문'을 읽었고, 한글은 언어생활을 쉽게 했다.

그런데 유홍준 전 문화재청장 시절에 '광화문' 박정희 친필 논란이 일더니, 19세기 말 경복궁을 중건할 당시 걸었던 무관 임태영의 글씨를 찾아 복원했다. 도쿄대가 소장하고 있던 1900년대 유리 원판 사진에 흐릿하게 찍힌 '門化光'을 첨단 기술을 총동원해 살려 냈다나 어쨌다나. 결국 '광화문'은 사라졌고 '門化光'이 다시 대한민국의 심장에 들어앉았다.

일본까지 갔다 왔다니 '수고했소.'라는 인사를 해야 마땅하겠지만 왠지 비행기 삯만 날리고 괜한 수고를 했다는 생각이 든다. 문화재 복원의

원칙은 원형 그대로일 것이다. 옛 것 그대로, 조상의 숨결이 밴 그대로 복원하는 것이 기본일 것이다. 본모습 그대로일 때 의미와 가치를 되살릴 수 있을 것이다. 수원화성이 세계문화유산으로 등재된 것도 설계도인 '화성성역의궤'를 바탕으로 원형 그대로 복원한 것이었기에 가능했을 것이다.

그쯤은 안다. 하지만 광화문만큼은 다르게 생각하자. 한글은 대한민국의 고유 문자이고 가장 자랑스러운 문화유산이다. 한글은 대한민국의 상징이다. 한자나 영어 알파벳 같은 외국 글자도 필요하면 쓰지만 대한민국에서는 한글이 모든 문자에 우선한다. 21세기 광화문에 걸어야 할 글자는 '門化光'도 'Gwanghwamun'도 아닌 '광화문'이어야 한다.

문화재 복원 원칙에 어긋난다 하더라도 미래 지향적으로 새 역사를 써야 한다. 나름 원칙주의자면서 '광화문'에 예외를 두자고 주장하려니 살짝 뒤통수가 따갑기도 하지만, 그럼에도 '광화문'만큼은 한글로 하자고 주장한다. 이것이 21세기 시대정신이고 활짝 열어가야 할 대한민국의 미래다. '박정희 친필'이 문제였다면, 2020년부터 본격적인 활동에 들어간 '광화문 현판 훈민정음체로 시민모임'의 제안대로 '훈민정음체'로 써서 달면 된다.

오늘도 많은 사람들이 광화문을 찾는다. 대한민국 국민뿐만 아니라 세계 각지에서 온 외국인들도 광화문을 찾는다. '광화문'을 바라보며 한글의 나라 대한민국을 느끼고 대한민국의 역사와 문화를 이해하고 음미하고 즐긴다. 광화문 앞에 서서 대한민국 방문 인증 사진을 찍는다. 그렇기 때문에 광화문은 '광화문'이어야 한다. 대한민국은 한글의 나라이고 한글은 대한민국의 정체성이자 얼굴이다.

'광화문 현판 훈민정음체로 시민모임'이 만든 훈민정음체 광화문 글씨 집자 과정은 한글 디자이너 한재준 님, 홍동원 님이 감수하고 글씨연구가 강병인 님이 진행했다.

바우처의 귀환

1980년대 초반 개그맨으로 활동했다. 예나 지금이나 경쟁이 치열한 바닥이어서 방송에 출연하는 게 쉽지 않았지만, 친구를 잘 둔 덕에 '동시상영'이란 개그 듀엣을 만들어서 라디오와 티브이에 출연할 수 있었다. 방송에 출연하는 것도 텔레비전에서 보던 유명한 연예인을 코앞에서 보는 것도 놀랍고 신기한 경험이었지만 출연료를 받는 것도 큰 기쁨이었다.

그런데 이상하게도 방송국에서는 돈을 주지 않고 '바우처'라는 걸 줬다. 처음에는 '뭐지?' 했지만, 방송국 안에 있는 은행에 가면 돈으로 바꿔 준다는 설명을 듣고는 쪼르르 은행으로 달려가니 정말로 돈을 주었다. 그러니까 '바우처'는 일종의 '돈표'였다. '바우처'의 정체가 궁금하긴 했지만 일단 출연료는 받았으니 크게 문제될 게 없었다.

매사 그렇듯이 처음에는 생소했지만 곧 익숙해졌고, 방송국 바깥 사람은 모르는 바우처를 받는 걸 무슨 특별한 신분 증명처럼 느끼기도 했다. 여하간 방송국 들락거리면서 바우처에 의존해 살게 됐는데, 그런 소중한 바우처가 늦게 나올 때가 있었다. 방송국에서는 봄가을에 한 번씩 방영 중인 프로그램을 없애거나 새로 프로그램을 만드는 프로그램 개편을 했는데, 그때 바우처가 두 달씩 늦어지기도 했다.

바우처가 아직도 안 나왔어? 방송국에서 출연료 갖고 돈놀이 하는 거 아니야? 방송국이 돈놀이를 하다니, 이게 말이 돼? 어휴, 큰일이네. 바우처가 나와야 생활비를 갖다 주고 당구장에 돈도 갖다 주는데...

애간장을 태우던 두 달 치 바우처가 나오면 마치 적금이나 계를 탄 것처럼 기뻤고, 은행 창구는 북새통을 이뤘다. 그렇게 바우처에 울고 바우처에 웃다가 정확히 언제였는지 기억나지 않지만, 방송국에서 바우처를 없애고 출연료를 통장에 넣어 주기 시작했다. 그럼에도 봄가을 개편 때 출연료가 두 달씩 밀리는 관행은 달라지지 않았지만... 여하간 출연료를 통장으로 직접 받게 된 이후 '바우처'는 뇌리에서 사라져 까맣게 잊고 있었다.

1990년대 후반쯤 언론을 통해 정부에서 바우처를 준다는 뉴스를 듣고는 정부가 방송국을 차린 줄 알았는데 그게 아니었다. 초기에는 자기 계발을 위한 교육이나 기술 훈련 교육 등을 지원하는 교육 바우처, 직업 훈련 바우처라는 이름으로 등장했고, 요사이는 종류를 헤아릴 수조차 없을 정도로 많아져, 스포츠 바우처, 국민행복카드 바우처, 에너지 바우처, 청년동행카드 바우처, 저소득 노인 이·미용 바우처, 생리대 바우처, 임신 바우처, 기저귀 바우처 등등 이름도 다양하다.

정부가 사회적 약자를 돕고 국민들이 누릴 수 있는 복지 혜택을 늘리기 위해 다양한 종류의 바우처를 쏟아내는 것은 환영할 일이고, 실제로 많은 사람들이 바우처 덕에 공부도 하고 머리도 자르고 연극도 보고 아기도 낳고, 아기가 불편해 하지 않도록 제때 기저귀를 갈 수 있어 좋지만, 그럼에도 바우처를 수령한 노인, 학생, 청년, 임신부, 바우처 기저귀를 찬 아기가 '바우처'가 뭔지 알기는 알까?

> 바우처(voucher): 일정한 조건을 갖춘 사람이 교육, 주택, 의료 따위의 복지 서비스를 이용할 때 정부가 비용을 대신 지급하거나 보조하기 위하여 내놓은 지불 보증서. (국립국어원 우리말샘)

바우처도 어렵지만 '지불 보증서'도 쉽지 않으니 역시 '돈표'나 '전표', '이용권' 같은 이름이 좋겠다. 그런데 이번에 발견한 또 한 가지 놀라운 사실은 '바우처'가 표준국어대사전에 없다는 것이다. 수십 년간 사회 곳곳에서 맹활약(?)을 펼치고 있는 바우처가 아직도 외래어로서 공인받지 못한 것을 어떻게 받아들여야 할까?

국립국어원 누리집 표준국어대사전에는 영어, 독일어, 프랑스어, 이탈리아어, 중국어, 일본어 등 세계 각국에서 온 외래어 2만7천 개 정도가 실려 있는데, 버스, 인터넷, 모니터, 파스타, 테니스, 카드, 미사일, 미팅, 이벤트 등등 수록됐을 법한 단어뿐만 아니라, '차량 따위를 뒤로 물러가게 한다.'라는 뜻의 영어 'back'에서 온 '빽'도 실려 있으며, 심지어는 일본식으로 비틀린 '빠꾸'도 올라 있다.

'빽, 빠꾸'처럼 '바우처'도 외래어로 인정해 달라는 주장이 아니다. 현행법(?)상 외래어가 아니라면 사용을 삼가거나 금지해야 하는데, 모범을 보여야 할 정부와 지자체, 공공기관 등이 앞장서서 '바우처'를 남용하고 있으니, 어안이 벙벙하고 가슴이 답답하고 기가 막힌다.

1948년 10월 9일 '한글전용법'이 공포되었지만, 그 후로도 오랫동안 공직자들은 긴 가방 끈을 과시하면서 국한문 혼용을 고수하다가 슬그머니 외래 용어 남발 열차로 갈아탔다. 평생교육 이용권, 국민행복카드 상품권, 청년동행카드 사용권, 임신 쿠폰, 기저귀 구입권이라고 하면 남녀노소 이해하기 쉽고 편하고 좋은데, 쉬운 우리말은 쉬워서 안 쓰는 걸까?

코로나 시대 살아남는 법

2019년 중국 우한에서 신종 전염병이 발생했다. '우한 폐렴'이라고 부르자, 중국이 불편해 했고, 우여곡절 끝에 세계보건기구(WHO)에서 '코로나'(corona), '바이러스'(virus), '질환'(disease)의 앞 글자를 따서 '코비드-19'라고 결정했지만, 우리는 '코로나19'를 쓰기로 했다. 그런데 코로나는 뭘까? 코로나 맥주는 아닐 테고. 요즘은 스마트폰만 있으면 어지간한 궁금증은 다 풀 수 있는 세상 아닌가! 스마트폰 검색 결과 다음과 같은 내용을 찾을 수 있었다.

> 사람을 포함한 동물에 광범위한 호흡계 및 소화계 감염을 일으키는 RNA 바이러스로, 표면을 현미경으로 관찰했을 때 특징적인 왕관 모양의 돌기 때문에 '코로나(왕관)'라는 이름이 붙었다. (나무위키)

RNA는 또 뭔가? '리보핵산(RiboNucleic Acid), 약칭 RNA는 핵산에 속한 물질'이다. 핵산은 유전이나 단백질 합성을 지배하는 중요한 물질이고, 생물의 증식을 비롯한 생명 활동 유지에 중요한 작용을 하는 물질이어서 핵산이 들어간 건강식품도 많다. 코로나는 전파력이 강력했다. 우리나라에서도 환자가 발생했고, 전 세계적으로 코로나 '팬데믹'이 시작됐다는 보도가 나왔다. 앗! 팬데믹은 또 뭔가? 다시 스마트폰을 집어 들었다.

세계보건기구(WHO)가 선포하는 감염병 최고 경고 등급으로, 세계적으로 감염병이 대유행하는 상태를 일컫는다. 영어 표기는 pandemic이다. (네이버 지식백과)

한동안 알쏭달쏭한 팬데믹이란 말을 쓰다가 '(감염병) 세계적 유행'이라는 말을 쓰자는 의견이 나왔지만, 방송에서는 여전히 팬데믹을 고수했다. 감염된 사람들은 전파를 막기 위해 철저한 격리 상태에서 치료를 받았다. 불행하게도 신천지교회에서 많은 환자가 발생했고, '코호트 격리'를 시킨다는 말이 들렸다. 앗! 코호트는 뭔가? 다시 스마트폰을 집어 들었다.

감염 질환 등을 막기 위해 감염자가 발생한 의료기관을 통째로 봉쇄하는 조치를 가리킨다. 즉 환자와 의료진 모두를 동일 집단(코호트)으로 묶어 전원 격리해 감염병 확산 위험을 줄이는 방식이다. 영어 표기는 cohort Isolation이다. (네이버 지식백과)

환자와 의료진 모두를 '동일 집단'으로 보고 함께 격리한다는 말인데, 처음부터 '동일 집단 격리'라고 했으면 스마트폰 신세를 지지 않았을 것이다. 환자가 폭발적으로 증가하자 '정부가 록다운 같은 도시 봉쇄 조치를 검토하고 있다.'라는 보도도 나왔다. 아나운서나 기자에 따라 '락다운'이라고도 했다. 왕년에 록큰롤깨나 들었는데, 록다운, 락다운은 또 뭘까? 다시 스마트폰을 집어 들었다.

lock · down(락다운, 록다운): (움직임 · 행동에 대한) 제재 (옥스퍼드영한사전)

코로나 확산을 막기 위해 '제제'와 같은 조치를 취하겠다는 것 같은데, 좀 더 뒤져 보니 '봉쇄, 폐쇄' 같은 말들이 나왔다. '정부가 록다운 같은 도시 봉쇄 조치를 검토하고 있다.'라는 보도는 그냥 '정부가 도시 봉쇄 조치를 검토하고 있다.'라고 해도 충분한데 록다운은 굳이 왜 쓰는 걸까?

곳곳에 마련된 코로나 검사소에 공포에 질린 사람들이 길게 줄을 서자, 고양시에서 드라이브 스루 검사를 시작했다. 가끔은 자동차를 탄 채 햄버거를 주문해 먹는 축이라 스마트폰 도움 없이 드라이브 스루(Drive-thru)가 뭔지 알 수 있었다. 그러나 경험이 없는 분들에게는 생소했을 것이다. 드라이브 스루 검사는 전 세계를 놀라게 했고 세계인의 박수와 환호를 받았지만, '승차 검사'나 '차탄채 검사'를 썼으면 훨씬 쉬웠을 거다. 망둥이가 뛰면 꼴뚜기도 뛴다더니, 드라이브 스루가 각광받자 '워킹 스루(Walking Thru)'가 등장했다. 앗! 워킹 스루는 또 뭔가? 다시 스마트폰을 집어 들었다.

서울 에이치플러스 양지병원이 2020년 3월 16일부터 운영을 시작한 도보이동형 코로나19 진료소를 말합니다. 워킹스루 진료소에는 걸어 들어왔다 나가는 '1인용 공중전화부스' 형태의 부스가 4개 설치돼 있습니다... 검체 채취에 1분, 환기와 소독에 1~2분이 걸릴 정도로 시간을 대폭 단축했어요. 1인 감염안전진료부스 시스템으로, 바이러스가 외부로 나가지 못하도록 압력을 낮추는 음압 설비를 갖췄습니다. (네이버 지식백과)

한국인들은 머리가 좋다. 차 없이 검사를 받는 이들의 안전을 지키기 위해 1인용 공중전화 부스(부스보다 박스가 익숙하다.) 형태의 검사 방식을 고안한 것이다. 감탄사가 절로 나오긴 하지만, '드라이브'와 '워킹'은 짝이 맞지 않는다. 차에서 내리지 않고 검사하는 것을 '드라이브 스루(Drive through)'라고 했으니, 걸어가서 검사 받는 것은 '워크 스루(Walk through)'가 맞다. 사실 공중전화 부스 검사소에 기어 들어가는 사람이나 날아 들어가는 사람은 없으니, 그냥 '1인검사소'나 '개별검사소'라고 하면 된다.

'감염병 세계적 대유행'은 말 그대로 놀라움, 고통, 공포, 비극, 죽음 그 자체였다. 많은 사람이 병에 걸려 고통 받았고, 목숨을 잃었다. 전 세계에 병상이 부족하다는 말이 나왔고, 인도에서는 관이 없어서 장례도 치르지 못한다고 했다. 끔찍한 상황 속에서도 코로나 초기 대응을 잘한 덕분에 K-방역이 세계로부터 주목을 받았다. K는 코리아, 즉 대한민국을 뜻한다. K-팝, K-무비, K-드라마 등등. 글자판에서 K를 칠 때마다 변환 단추를 누르는 게 귀찮다. 그냥 '케이 팝, 케이 무비, 케이 드라마'라고 치는 게 더 빠른데 방송과 신문에서 한사코 K를 쓰는 영문을 모르겠다.

코로나는 일상을 바꿔 놓았다. 학교는 문을 닫았고, 많은 사람들이 재택근무에 들어갔다. 우리는 봉쇄까지 가지는 않았지만, 카페, 식당, 헬스장, 탁구장, 학원 등등에는 엄격한 영업 제한 조치가 취해졌고, 출입할 때는 '큐알 코드 체크' 등을 해야 했다. '체크'야 점검이나 검사 같은 뜻이겠지만, 앗! 큐알 코드는 뭔가? 다시 스마트폰을 집어 들었다.

2차원 매트릭스 형태로 이루어진 정보 표시 방법. QR은 'Quick Response'의 약자지만, 정식 명칭은 '퀵 리스폰스 코드'가 아니라 QR코드이다. 1994년 일본의 덴소 웨이브(デンソーウェーブ)에서 처음으로 개발하고 보급하였다. (나무위키)

출입구에 설치된 전자출입명부가 출입자의 스마트폰에 장착된 큐알 코드를 읽어 자동으로 신분을 확인할 수 있다. 사회적 거리두기 시행 초기에는 비치된 출입 명부에 이름과 전화번호 등을 썼지만, 개인 정보 유출 위험이 높아 꺼리는 사람도 많아서 편리하게 사용했다. 그럼에도 스마트폰이나 전자 기기 사용이 익숙하지 않은 노년층은 불편을 겪었다.

사회적 거리두기로 학교나 학원은 온라인 수업을 했고, 카페나 식당뿐만 아니라 시장, 대형 마트 등에서도 사람 구경하기가 힘들었다. 그 많던 한국인들은 다 어디로 갔을까? 상황이 이렇게 되자 '언택트'라는 말이 등장했고 순식간에 언택트 이벤트, 언택트 기술, 언택트 채용, 언택트 관련주, 언택트 교육, 언택트 문화, 언택트 관광지, 언택트 매장, 언택트 올스타, 언택트 소비, 언택트 추석 등 온갖 언택트가 난무했다. 빨리빨리 문화의 힘일까? 언택트는 또 뭔가? 눈에 넣는 콘택트렌즈 비슷한 걸까? 다시 스마트폰을 집어 들었다.

서울대 트렌드분석센터가 2017년 11월 출간한 '트렌드코리아 2018'에서 김난도 교수 등 8명의 공저자가 '방문하지 않고 물품이나 서비스를 제공하는 것'을 언택트 기술로 이름 붙인 데서 비롯됐다. 언택트는 접촉하다 뜻의 'contact'에 반대 접두사 'un'을 붙인 말이다. 영어권에서는 컨택트의 반대말로 'noncontact' 또는

'contactless'를 쓴다. (일요신문, 대통령 이름보다 뉴스에 더 많이 등장한 토종 신조어 '언택트', 2020. 12. 20.)

이건 바다 건너 온 것도 아니고 국산이다. 언론에서 '콩글리시다, 어렵다' 등 지적을 하자, 그제야 '비대면'이란 말을 쓰기 시작했다. 애당초 '언택트'를 만들 필요가 있었을까? 이래서 '우리말로 학문하기' 같은 활동이 필요하고 소중하다. 마스크 착용이 일상이 되고, 사회적 거리두기에 익숙해졌을 때, 엔데믹, 에피데믹, 위드 코로나 같은 말들이 떼거지로 몰려왔다. 앗! 이것들은 또 뭔가? 다시 스마트폰을 집어 들었다.

> 엔데믹(endemic): 어떤 지역에 토착화된 질병. '풍토병'이라고도 한다. 지리적으로 외부에서 유입되지 않은 감염병이 특정 지역에서 절멸되지 않고 주기적으로 발생하는 경우를 의미한다. 아프리카 감비아와 세네갈의 리프트밸리열, 아프리카와 남아메리카의 황열병, 동남아시아와 아프리카 일대의 말라리아 등이 대표적인 엔데믹이다. (다음백과)

풍토병이라는 것은 알겠는데, 그러면 코로나가 풍토병이 된다는 건가? 설명을 좀 더 찾아보니, 팬데믹이 끝나고 풍토병과 같은 단계로 넘어가는 것을 뜻한단다. 에휴, 참 어렵다. 그러니까 대유행은 끝나지만, 완전히 없어지지 않고, 풍토병처럼 툭 하면 발생하는 그런 상태가 된다는 얘기렷다. 다음은 에피데믹!

감염병은 세균, 바이러스, 곰팡이, 기생충 등과 같은 다양한 병원체에 의해 감염되어 발병되는 질환이다. 세계보건기구(WHO)는 감염병의 위험단계에 따라 여섯 단계의 경보 단계를 설정하였다. 1단계는 동물에 한정된 감염 단계, 2단계는 동물 간 감염을 넘어 사람에게도 감염의 가능성이 있는 단계, 3단계는 사람 간의 감염이 시작된 단계, 4단계는 사람 간의 감염병 전파가 빠르게 확산되는 단계, 5단계는 여러 국가에서 감염병이 유행하는 단계, 6단계는 감염병이 전 세계적으로 대유행하는 단계이다. 이 중 가장 마지막 단계인 6단계를 팬데믹(pandemic)이라고 하며, 팬데믹 이전 단계에 해당하는 4~5단계의 상황을 에피데믹(epidemic)이라고 한다. (네이버 지식백과)

팬데믹이 최악의 6단계이고, 에피데믹은 4~5단계이다. 그러니까 팬데믹으로 가기 전 상황 혹은 전염이 둔화되어 조금 나아진 상황을 가리킨다. 세계보건기구야 영어를 쓰는 게 당연하지만, 우리 언론이 곧이곧대로 받아써야 하나? 게다가 한국 시청자나 독자는 뭔 소리인지 알 수가 없는데 말이다. 뒤늦게 국립국어원 '새말모임'에서 에피데믹은 '감염병 유행', 엔데믹은 '(감염병) 주기적 유행'이라는 우리말을 제시했다. 그래도 팬데믹, 엔데믹, 에피데믹은 코로나와 함께 사라지지 않았다. 왠지 콩글리시 냄새가 짙게 나는 '위드 코로나(With Corona)'는 뭘까? 코로나와 함께 영원히 살자는 구호인가?

코로나19 팬데믹이 장기화되면서 대두되고 있는 개념으로, 사회적 거리두기 등을 일부 완화하면서 위중증 환자관리에 집중하는 새로운 방역체계를 뜻한다. 당초 이는 '위드 코로나(With Corona19)'로 일컬어지며 이 용어가 활발히 사용되고 있으나,

제대로 된 영어가 아닌 것 같아서인지 정부도 정확한 뜻을 알 수 없
는 말이어서 '단계적 일상회복'이란 말을 쓰기로 했다는 얘기인데, 그럼
에도 위드 코로나는 좀비처럼 툭툭 튀어나와 일상을 헤집고 다닌다. 찬
바람이 불자 '트윈데믹'이 등장했다. 앗, 코로나가 쌍둥이를 낳았다는
건 아닐 테고, 도대체 트윈데믹은 또 뭔가? 다시 스마트폰을 집어 들었다.

생소한 '트윈데믹' 말고 '쌍전염병'이라고 하면 쉽지 않을까? 새말모
임에서 만든 뭔가가 있을 것 같아 찾아보니, '감염병 동시유행'이라는
대체어가 있었다. 좀 길긴 해도 '트윈데믹'보다는 어감이 부드럽고 의미
도 잘 전달된다. 그럼에도 여전히 트윈데믹이 더 많이 쓰인다. 감염 여
부를 확인하기 위해 하는 'PCR' 검사는 polymerase chain reaction란 영
어를 줄인 것인데, 의학 지식 없이 이해하기 어려우니, 그냥 코로나 검

사라고 해도 되지 않나? PCR도 공부해야 하나?

2023년 1월 30일, 학교와 직장 내 마스크 착용은 해제되었지만, 병원이나 지하철 객차 안 같은 밀폐, 밀집, 밀접 등 '3밀 환경'에서는 착용해야 한다. 코로나 발생으로부터 만 3년이 지났다. 2020년 6월 '동치미'에 출연해 '코로나는 코리아를 이길 수 없다.'라며 목소리를 높였지만, 유감스럽게도 코로나는 끝나지 않았다. 코로나 시대에 살아남으려면, 사람이 많은 장소는 피하고, 마스크 착용하고, 외출 후 손 씻고, 백신도 맞아야 하고, 코로나 비만이나 '확찐자'가 되지 않으려면 운동도 해야 할 뿐만 아니라, 영어도 열심히 공부해야 한다.

덧: 2001년 학문의 기초 개념을 쉬운 우리말로 하고, 우리말의 가능성을 개척하며, 다른 학문과 활발한 소통을 지향하기 위해 '우리말로 학문하기 모임'이 결성되었다. 우리말로 학문하기는 '한국 사람이면 당연히 한국말을 써야 한다.'와 같은 당위적인 차원에 그치지 않는다. 말은 생각을 규정하는 프로그램과 같기 때문에, 말을 따지는 문제는 학문의 본질을 따지는 문제와 맞닿는다. 서양인들은 근대로 넘어오면서 제나라 말을 바탕으로 삼아 생각의 세계를 묻고, 따지고, 풀어서 학문의 세계를 열었지만, 우리나라에서는 그들이 만든 것을 받아서 쓰느라 제 나라 말로써 생각을 다듬지 못했다.

또한 우리말로 학문하기는 학문의 주체성 회복이다. 그리스어로 박사 논문을 쓴 유재원 교수는 "말은 '누구를 위한 학문이냐'를 결정한다."고 말한다. 한국인인 자신이 그리스어로 쓴 논문은 그리스어를 생활어로 쓰는 사람들을 위한 학문이 되지만, 한국어로 쓴 논문은 한국어를 쓰는 사람들을 위해 쓰인다는 것이다. 조선시대 한문이 지배계층인 사대부를 위한 학문으로 쓰였고, 일제 강점기 때 일본어가 제국주의를 위한 학문으로 쓰였던 것만 봐도 알 수 있는 일이라고 한다. (인문정보학 Wiki)

영어 가르치는 방송

2009년 10월 26일 밤 천안함 사건이 나고, 뉴스에 나온 어느 정치 평론가(?)가 '스모킹 건'이란 말을 했을 때, '뭐지?' 했는데, 말뜻을 모르는 것은 나뿐만이 아니었나 보다. 즉각 앵커가 '스모킹 건'이 뭐냐고 물었고, '움직일 수 없는 결정적 증거'라는 설명이 이어졌다. 그다음부터 앵커와 기자가 '스모킹 건'을 입에 자주 올렸다.

> 이번 사건의 진실을 규명하는 데 '스모킹 건'(smoking gun. 결정적 증거)이 될 수도 있음을 의미한다. (연합뉴스, 2010. 4. 30.)

> 군은 이달 중순 쯤 천안함 침몰사건 중간조사 결과를 목표로 '스모킹 건' 즉, 결정적 증거 수집과 분석에 박차를 가해왔습니다. (와이티엔, 2010. 4. 30.)

> 지금까지 검출된 화약 성분이 천안함을 침몰시킨 무기의 정체를 규명할 결정적인 증거, 즉 스모킹 건이 될지는 아직 불확실하다고 정부 관계자는 말했습니다. (SBS 뉴스, 2010. 5. 6.)

연합뉴스는 스모킹 건을 쓰고 괄호 안에 '결정적 증거'라는 설명을 달았고, 와이티엔은 '스모킹 건, 즉 결정적 증거'라고 했다. '스모킹 건'

뒤에 '결정적 증거'를 덧붙인 것은 스모킹 건이라는 낯선 용어를 쉽게 설명하기 위함이었을 것이다. 반면에 에스비에스는 '결정적인 증거, 즉 스모킹 건'이라고 했는데, '결정적 증거'라는 우리말로는 부족했는지 '스모킹 건'을 동원했다. '스모킹 건, 즉 결정적 증거'든 '결정적 증거, 즉 스모킹 건'이든 도긴개긴이다. 천안함 사건과 방송 덕분에 '스모킹 건'이란 귀한 시사용어를 알게 된 것에 감사해야 할까?

아서 코난 도일의 〈셜록 홈즈〉 시리즈 중 '글로리아 스콧(The Gloria Scott)'에서 '그 목사는 연기 나는 총을 손에 들고 서 있었다(the chaplain stood with a smoking pistol in his hand).'라며 목사를 살해범으로 지목했다. 소설에서는 '연기 나는 총(smoking pistol)'이라는 표현을 사용했으나, 스모킹 건이라는 표현으로 바뀌었고(네이버 지식백과), '부인할 수 없는 결정적 증거'란 말로 쓰이게 되었다.

머릿속에 '워딩'이란 단어를 추가한 것은 불과 몇 년 전인 것 같은데, 지난 뉴스를 검색해 보니, 「金총재는 "청와대가 신한국당의 선거대책본부냐 하는 식으로 워딩(숙어)을 만들어 상징적으로 공격해야 한다."고 소개.(연합뉴스, 1996. 2. 1.)」했다는 기사가 튀어나왔다. 김대중 대통령이 영어를 잘하셨다는 것은 알고 있었지만, 연설 중 '워딩'이란 말을 쓴 것은 처음 알았다. 이 기사에서는 '워딩'을 '숙어'라고 설명하고 있는데, 이게 처음 '워딩' 사용인지는 확인할 수 없지만, 차츰 언론에 나오는 횟수가 잦아졌다.

노 대통령은 "대통령 보고회에 당의 인사들도 참여시켜 주도권이 자연스럽게 당으로 이관되는 방안을 검토하라."면서... 청와대는 이 같은 내부 자료가 유출된 데 대해 곤혹감을 감추지 못하면서 "자료의 내용은 노 대통령의 워딩(발언내용)이 아니다."고 부인했다. (서울신문, 2005. 7. 22.)

　노무현 대통령이 '워딩'이란 말을 쓴 것은 아니고, 청와대가 노 대통령의 워딩(발언내용)이 아니라고 해명한 것인데, 괄호 안에 들어간 '발언내용'은 생소한 '워딩'을 설명하기 위해 기자가 삽입했을 것이다. 여하간 이 워딩도 아주 오랫동안 알게 모르게 신문, 방송 등에서 사용된 것 같은데, 이 말이 짜증스럽게 들린 것은 방송 뉴스에 나오는 교수, 평론가 등이 '워딩이 좋았다든가, 기가 막힌 워딩이었다.'라든가 하는 식으로 걸핏하면 '워딩'을 입에 올린 탓이었다.

　영어 wording은 글·연설에서, 특히 신중히 골라 쓴 자구나 표현, 단어 선택 등을 의미하는데, 전문가로서 방송에 나온 분들도 좀 남다르게 얘기를 해야 하니까 '워딩'이란 말을 선택했겠지만, 무슨 말인지 단번에 알아듣지 못하는 '어린 시청자'로서는 영어 단어 하나 몰라서 사회로부터 소외당하는 울적하고 서글픈 경험이 아닐 수 없다. 자구, 표현, 단어 선택, 어휘 선택, 수사력, 말씨 등등 숱한 우리말을 버려두고 굳이 '워딩'을 쓸 이유는 없다.

　마찬가지로 방송에 자주 등장하는 '니즈'가 있다. '니즈가 폭증했다, 니즈에 따른 신제품 개발이 필요하다.'라는 둥 '니즈(needs)'를 들먹이는 분들도 경제 분야 전문가들인데, 생활자의 생리적, 신체적인 욕구란 뜻(네이버 지식백과)이라는 '니즈'는 욕구나 수요, 필요 등으로 충분한데도, 들을 때마다 속이 니글거리는 '니즈'를 들먹이는 이유를 도무지 알 수 없다. 하긴 니즈뿐이랴! 방송에서 '힐링(healing)'이란 말을 남발하더니, 상처 받은 몸과 마음을 풀거나 다스릴 때 쓰는 우리말 '치유'나 '치료'는 명함도 못 내밀고 슬그머니 꼬리를 감췄다. 힐링스파, 힐링아로마, 힐링마사지, 힐링스포츠, 힐링발관리, 힐링피부관리, 힐링캠프 등 간판이 즐비한 대한민국은 대수술이 필요한 상태 아닐까?

덧: 날마다 외래 용어로 뒤범벅된 신조어가 쏟아지니, 신문과 방송에서 말뜻을 풀이해 주려는 듯 친절하고 정확하고 상세한 해설을 제공하고 있다. 다음은 역시 스마트폰 덕분에 찾아낸 서울경제 '신조어사전'에 소개된 '라스트마일 딜리버리'이다.

> 상품이 고객에게 전달되는 마지막 배송 단계를 일컫는다. 원래 사형수가 형 집행장까지 걸어가는 거리를 가리키는 '라스트마일(last mile)'과 배송(delivery)이 결합됐다. 유통업계에서 말하는 라스트마일은 고객과의 접점을 의미한다. 따라서 유통업체들이 서비스 차별화를 위해 속도보다 배송 품질을 강조하면서 확장된 물류 개념이다. 배송 서비스의 질을 높이기 위해 유통물류업체들은 안전과 편의성을 높인 새로운 배송 서비스뿐 아니라 정보기술(IT)을 접목해 고객감동에 주안점을 두는 서비스를 제공한다. 편의점이나 공공인프라를 이용한 택배수령, 무인택배함 서비스나 미국 아마존이 드론을 이용해 배송하는 서비스 등이 모두 해당한다. 고객 감소로 어려움을 겪고 있는 대형할인점이나 편의점이 이륜 배송업체들과 손잡고 라스트마일 배송 시장에 뛰어들고 있는 것도 같은 맥락이다.

2020년 6월, 문체부 새말모임에서는 라스트 마일(last mile)의 대체어로 '최종 구간'을 제안했다. 따라서 라스트 마일 딜리버리는 '최종 구간 배달'이라고 할 수 있다.

2020년 4월 6일자 ○○일보 「기자가 만난 세상」 "아이스크림을 '얼음보숭이'로"라는 제목에 시선을 빼앗겼다.

기사를 쓰다 보면 심심찮게 '쉬운 우리말 쓰기 협조 요청' 메일을 받는다. '어려운 외국어'를 쉬운 우리말로 바꿔달라는 내용이다. 메일 하단에 문화체육관광부 발신이라는 표기는 자못 엄격·근엄·진지함을 더한다.

기자는 '쉬운 우리말 쓰기'에 비판적, 비관적, 비협조적이다. "신종 코로나바이러스 감염증(코로나19) 여파로 공직자들이 불철주야 바쁜 시기에도 기사를 하나하나 정독하며 귀신같이 외국어를 잡아내는 데에 감탄이 나온다. 하지만 이해하기 어려울 정도로 우리말을 고집하는 경우가 많다."라는 대목에 이르러서는 의심의 여지가 없다.

기자는 경제 기사에 '펀드'나 '코스피', '사모펀드' 같은 단어를 쓰면 문광부가 펀드 대신 '기금', 코스피 대신 '거래소 시장', 사모펀드 대신 '소수투자자 기금'이라는 용어를 써달라고 주문을 하는데, 오히려 뭐가 쉬운 말이고 뭐가 어려운 말인지 헷갈린단다. 정말 그럴까? '펀드'가 '자금'을 뜻한다는 정도는 알았지만, '사모펀드'는 주식에 관심이 없어서 자주 들으면서도 무슨 뜻인지 몰랐다.

사모(私募)펀드는 투자자로부터 모은 자금을 주식·채권 등에 운용하는 펀드로 고수익기업투자펀드라고도 한다. 영어표현으로 PEF는 사모펀드를 뜻하고 PE는 사모펀드를 운영하는 회사 자체를 지칭한다...

사모는 공개적이나 대중적이 아닌 사적으로 기금을 모은다는 뜻으로서 금융기관이 관리하는 일반 펀드와는 달리 사인(私人) 간 계약의 형태를 띤다.

사모펀드는 비공개로 투자자들을 모집하여 자산가치가 저평가된 기업에 자본참여를 하여 기업 가치를 높인 다음 기업주식을 되파는 운용 전략을 취한다. (에듀윌시사상식)

사모는 '사적으로 기금을 모은다.'라는 거고, 영어 PEF(Private Equity Fund)는 자산, 형평, 지분 등을 뜻한다. 문화체육관광부에서 사용을 권했다는 '소수투자자 기금'과 어느 쪽이 쉬울까? 기자는 "언어는 살아 있는 생물과 같다. 시간이 흐르거나 상황이 달라지면 사용자에 따라 자연스럽게 변모한다... 대표적으로는 언어 사용자의 편의성이다."라고 한다. 기자의 주장처럼 언어는 생물이고, 사람이 언어를 위해 존재하는 것이 아니고 언어가 사람을 위해 존재하는 것이다.

그렇지만 외래 용어를 그대로 쓰는 것이 편리하다는 주장에는 동의하지 않는다. 기자처럼 외래 용어를 잘 아는 사람들에게는 편리할 수 있겠지만, 모르는 사람에게는 불편하다. 외래 용어 모르는 신문맹이 등장할 수도 있다. 그리고 몇 사람이 모여 떠드는 것보다는 많은 사람이 알 수 있는 쉬운 말을 써야 소통의 폭도 넓어지고, '편의성, 효용 가치'도 올라간다.

기자는 언어의 갈라파고스화를 걱정하며 우리끼리만 통하는 말을 쓰

면 국제 왕따가 될 수 있다고 말한다. 전 세계가 '커피'를 마시는데 일본만 '고히'를 마셔 세계에서 유일하게 '커피'가 통하지 않는 나라란다. 지적대로 일본인은 '코히'를 마시지만 자기들끼리만 통하는 말을 쓰려한 것은 아니고, 외래어 'coffee'를 가나문자로 표기하다 보니 'コ—ヒ—(코히)'가 됐을 뿐이다.

가나문자를 사용하는 일본어는 '미즈(みず: 물)', '야마(やま: 산)', '카와(かわ: 강)' 등 음절이 모음으로 끝나기 때문에 영어 'kick'을 'キック(킷쿠)', 'ball'를 'ボール(보루)', 'back'을 'バック(밧쿠)', 'cup'을 'カップ(캇푸)' 등으로 표기할 수밖에 없어 소리가 원지음과 사뭇 달라진다. 비근한 예로 일본인이 'McDonald(맥도날드)'를 'マクドナルド(마쿠도나루도)'라고 하는 것도 소리를 표현하는 능력이 떨어지는 가나문자의 한계에서 비롯한 것이라 볼 수 있다.

기자는 제목을 장식한 '얼음보숭이'에 대해 "북녘의 땅에서도 소수의 지배층이 아이스크림을 '얼음보숭이'라고 부르고, 전구를 '불알'로 쓰게 했다."라고 썼다. 북한에서 얼음보숭이를 문화어로 권장한 것은 사실이지만 사람들이 쓰지 않아 사어가 된 지 오래다. 1992년에 나온 『조선말대사전』에도 '얼음보숭이'는 없고, 1981년 『현대조선말사전』 제2판에도 없다.

'불알'은 2000년 정상회담을 전후해 '북한알기운동'이 전개되면서 누군가 지어낸 우스갯소리였다. 전구는 '불알', 형광등은 '긴불알', 샹들리에는 '떼불알'이라는 말을 듣고 웃기도 했지만, 북한에서도 전구는 '전구' 또는 '전등알'이라고 한다. 기초적인 사실도 확인하지 않고 글을 쓰다니... 다음 얘기도 전제가 잘못됐다.

> 과거 우리나라가 북한에 못지않게 순수 우리말 사용을 고집했던 시절, 각국의 이름
> 을 우리말로 표기했던 적이 있었다. 프랑스를 '불란서'로, 스페인을 '서반아'로 불렀
> 다... 글로벌화를 겪으면서 사용자들은 음역어에 의문을 품기 시작했다. 읽기 불편하
> 고, 소통이 어려워서. 사용자들은 자연스럽게 말하고 쓰기 편한 프랑스, 스페인으
> 로 부르기 시작했다. 반면에 영국, 미국 같은 나라명은 음역어가 더 편리해서 사용자
> 의 선택을 반영해 그대로 남았다.

'불란서(佛蘭西)'와 '서반아(西班牙)'가 'France'와 'Spain'의 음역어인 것
은 맞지만, 우리나라가 '북한에 못지않게 순수 우리말 사용을 고집'해서
사용한 것도 아니었고, 1900년 전후로 상당수의 음역어를 사용하고 있
었으므로 시기적으로도 맞지 않는 얘기다.

> 불란서(佛蘭西)는 프랑스를 소리에 따라 한자로 옮긴 것이다. 신문 등에서는 줄여서
> '佛'로 표기하기도 한다. 20세기 초에 나온 신문에서도 보이는데, 당시 표기는 '불란
> 셔'였다. 서반아(西班牙)는 스페인의 음역어이다. 이 역시 20세기 초에 나온 신문에
> 서는 '셔반아'로 쓰였다... 불란서나 서반아는 전통적으로 써오던 말이긴 하지만 요
> 즘은 프랑스 스페인에 밀려 일상적으로는 잘 쓰이지 않는다. (한국경제, [홍성호 기자
> 의 '말짱 글짱'] 우리말 속 취음어 엿보기①)

요즘 '팩트체크(fact check)'란 말이 유행이지만 '사실 확인'으로 충분하다. 기사를 작성하기 전 사실을 확인하는 것은 기자에게 절대적으로 필요한 덕목이다. 기자는 견해를 밝히고 주장할 수 있지만, 사실을 왜곡하면 안 된다. 다음은 우리나라 신문·방송·통신사 소속 현직 기자들 1만여 명이 회원으로 있는 한국기자협회의 기자윤리강령이다.

> 기자는 국민의 알 권리를 충족시키고, 진실을 알릴 의무를 가진 언론의 최일선 핵심 존재로서 공정보도를 실천할 사명을 띠고 있으며... 뉴스를 보도함에 있어서 진실을 존중하여 정확한 정보만을 취사선택하며, 엄정한 객관성을 유지한다.

틱포탯과 맞대응 전략

세상에는 다양한 생각이 공존한다. 언어나 언어 사용에 대한 생각이나 태도 또한 같다. 우리말만 쓰는 것이 좋다는 주장도 있지만, 외래 용어가 섞이거나 섞어 쓰는 것을 자연스러운 현상으로 받아들이는 사람도 있고, 어느 정도 거를 필요가 있지만 수용이 불가피한 측면이 있다고도 주장한다. 그런가 하면 섞임이 아름답고 풍요로운 것이라는 의견도 있다.

> 나는 이른바 토박이말과 한자어와 유럽계 어휘가 마구 섞인 혼탁한 한국어 속에서 자유를 숨쉰다. 나는 한문투로 휘어지고 일본 문투로 굽어지고 서양문투로 닳은 한국어 문장 속에서 풍요와 세련을 느낀다. 순수한 토박이말과 토박이 문체로 이루어진 한국어 속에서라면 나는 질식할 것 같다. (고종석, 『감염된 언어』)

우리말과 한자, 일본어, 서양어가 뒤범벅된 문장에서 풍요를 느낀다는 생각에 우리말만 써야 한다는 생각은 고루함과 빈곤, 촌스러움, 국수 그 자체일지도 모른다. 이런 개방적 태도에 고개를 끄덕이며 공감하는 사람에게 외래 용어를 오남용하지 말자는 주장은 쇠귀에 경 읽기이거나 씨도 안 먹히는 얘기일지도 모른다.

인류의 역사는 이동과 교류, 섞임의 순환이다. 국경과 인종과 민족을 초월해 교류하고 이동하고 주고받고 섞이며 어우러진다. 세계 어디서나 다양한 인종과 민족을 만날 수 있으며 복수의 국적을 지닌 사람도 있다. 사람도 문화도 언어도 섞인다. 그럼에도 정체성은 존재하고, 언어 정체성은 같은 언어를 쓰는 민족 혹은 집단 정체성의 정수다.

우리말 중심의 언어생활이 이상적인 것이라 해도 우리말만 강요하는 것은 바람직하지도 현실적이지도 않지만, 외래 용어의 오남용은 언어 주체성을 스스로 포기하는 행위다. ○○경제 2020년 3월 7일자에 '빗장 건 일본에 한국 '팃포탯' 선택..9일 한·일 입국조치 충돌'이라는 기사가 났다. 팃포탯은 무엇일까?

> 한국 정부도 일본에 빗장을 걸어 잠궜다('잠갔다'의 잘못-글쓴이). 충분한 사전 협의 없이 기습 결정된 일본의 입국제한 강화 조치에 한국 정부는 하루 만에 '팃포탯(tit-for-tat·맞대응)' 전략으로 응했다.

'팃포탯'을 앞세우고, 우리말 '맞대응'은 괄호 안에 넣어 주객이 바뀌었다. '팃 포 탯(tit for tat)'은 '상대가 가볍게 치면 나도 가볍게 친다.'라는 뜻으로, 팃포탯 전략은 '이에는 이, 눈에는 눈'처럼 상대가 자신에게 한 대로 갚는 맞대응 전략이란다.

팃포탯을 가르쳐 준 기자에게 고맙다고 해야 할까? 올바른 우리말 사용에 모범을 보여야 할 기자가 '맞대응 전략'을 팽개치고 '팃포탯'을 적극 전도할 일은 아니다. 마침 2020년 3월 5일자 세계일보 '열린마당'에 '코로나19 용어 쉬운 우리말로 당국·언론 종사자부터 모범을'이라는 비타민 같은 글이 실렸다.

지난 2일부터 문화체육관광부와 국립국어원은 '코로나19' 관련 용어를 쉬운 우리말로 바꿔 사용할 것을 권장하고 있다. 다소 늦은 감은 있지만 매우 잘한 일이라고 생각한다. 그 이유는 국민 모두의 관심이 집중된 코로나19 정보를 전달받는 과정에서 소외되는 사람이 없어야 하기 때문이다. '비말(飛沫)'은 '침방울'로, '코호트 격리(cohort isolation)'는 '동일 집단 격리'로, '진단 키트(kit)'는 '진단 도구'로, '의사(疑似) 환자'는 '의심 환자'로, '드라이브 스루(drive through)'는 '승차 진료(소)'로 바꿔 사용하는 것이 그 예다.

포항대 배연일 교수는 코로나19 관련 생소한 용어 때문에 소외되는 국민이 있어서는 안 된다며 '모니터링(monitoring)' 대신 '관찰(또는 감시)', '케어(care)'는 '관리'나 '보살핌', '팩트(fact)'는 '사실' 또는 '진상(眞相)'으로 바꾸어 쓸 것을 제안했다. '기저 질환자' 대신 '평소에 어떤 병(病)을 가진 사람'으로 바꾸면 어떨까 한다고 했는데, 좀 기니 익숙한 '지병 환자'로 하면 어떨까?

코로나 시대를 통과하며 어려운 외래 용어와 전문용어들 때문에 당황스러울 때가 많다. 방송에 나오는 지식인들은 전문성을 과시하려는 의도에서 생소한 말을 남발하는 경향이 짙은데, 남녀노소 시청자가 두루 이해할 수 있는 쉬운 말을 쓰는 것이 좋다. 그나마 배 교수 같은 분이 있어 다행이다. 아무 말 대잔치 같은 기사를 쓰거나 사실 확인도 없이 가짜 뉴스를 써 대는 것도 문제지만, '팃포탯'을 남발하는 기자들께 외래 용어 오남용에 잘 듣는 우리말 비타민을 한 병씩 보내고 싶다.

슬픈 경유

정부, 지자체, 공공 기관의 외래 용어 남용은 선을 넘었다. 바우처, 에코 마일리지, 코리아 세일 페스타, 옐로 카펫, 디자인 거버넌스, 디지털 원패스, 테스크포스, 패스트트랙 등 외래 용어 범벅이다. '한글로 표기'해서 읽을 수는 있지만 무슨 일을 하는지 도통 알 수 없다. 오른손이 하는 일을 왼손이 모르게 하라는 전략일까? 설상가상 요새는 한글 표기 없이 'e-사람', 'SW교육', 'TF팀', 'safe Korea', 'GREEN FOOD ZONE'처럼 로마자로 표기하는 것도 적지 않다.

국어기본법에 따르면, 국가와 국민은 국어가 민족 제일의 문화유산이며 문화 창조의 원동력임을 깊이 인식하여 국어 발전에 적극적으로 힘씀으로써 민족문화의 정체성을 확립하고 국어를 잘 보전하여 후손에게 계승할 수 있도록 하여야 하며(제2조), 공공기관 등은 공문서 등을 일반 국민이 알기 쉬운 용어와 문장으로 써야 하며, 어문규범에 맞추어 한글로 작성하여야 한다. 다만, 대통령령으로 정하는 경우에는 괄호 안에 한자 또는 다른 외국 글자를 쓸 수 있다(제14조).

따라서 한글로 표기하지 않은 'e-, SW, TF, safe Korea, GREEN FOOD ZONE' 등은 국어기본법 위반이다. 이런 걸 아는지 모르는지 솔선수범해야 할 정부나 지자체의 역주행은 도로 위를 갈지자로 질주하는 음주 운전, 졸음운전, 무면허 운전, 김여사 운전처럼 위험하다. 도청, 시청, 국세청, 검찰청 등에 들어간 '청(廳)'은 '소리를 듣는 집'이라는 뜻인데, 언론에서 지적을 하고 한글문화연대가 시정을 요구해도 귀가 먹었는지 듣는 척도 하지 않는다.

부정승차의 유혹 비상게이트의 올바른 이용 정당한 승차권 사용 무임 승차 NO
→ 지하철 역사 안에 걸린 안내판. 무임승차는 안 된다는 뜻으로 NO를 넣었는데, 위반 시 부가 운임의 30배를 물린다고 하나, NO를 모르는 사람에게는 무용지물이다.

일회용품 사용은 줄이GO! 나무는 잘 심고 가꾸GO!
→ 산림청에서 전개한 캠페인. 일단 유치하고, GO를 읽지 못하는 사람 약 오르고, GO를 모르는 사람에게는 아무 소용없고!

누구나 도박에 중독될 수 있으며 누구나 치유될 수 있습니다. 헬프라인 상담전화는 (국번없이) 1336 HELP
→ 한국도박문제관리센터에서 만든 포스터. 제일 먼저 눈에 띄는 것은 손바닥에 찍힌 HELP다. 도박 중독자가 외국인인가?

이런 사례는 전국 방방곡곡에 차고 넘친다. 2021년 여름, 전남의 한 지자체에서 어른과 청소년을 위해 예술 체험 프로그램을 진행하면서 포스터에 'SUMMER ART Challenge Education Programme'을 대문짝만하게 써서 미국에서 하는 행사로 착각하게 했는데, 성급하게 비행기 표를 끊지 않은 건 천만다행이었다. 이런 요지경 속에서 부산항 국제여객터

미널은 정작 정확한 영어가 필요한 곳에 '기름'을 뿌려 망신을 당했다.

> 중국경유(체류) 승객전용 검역창구
> Chinese Light Oil(Staying) Passenger Exclusive Quarantine
>
> 문제는 하단 영문 번역문이다. '중국 경유(經由) 승객'을 'Chinese Light Oil Passenger'로 번역했다. 디젤 오일, 즉 경유(輕油)라는 의미의 단어를 넣어버린 엉터리 표기다... 해당 표현은 Arriving passengers from China(중국에서 도착한 승객), Passengers recently have traveled through / via China(중국을 경유한 승객) 등으로 써야 올바르다. (부산일보, '경유 승객'이 "Light Oil Passenger", 2020. 2. 11.)

언론 지적에 대한 터미널 관계자의 해명은 처량하기 짝이 없을 정도로 군색했다. "해당 안내문은 승객이 없는 시간에 부착했다가, 오류를 확인하고 곧바로 안내문을 제거했다. 터미널 이용객들에게 잘못된 안내 등은 없었다." 아니, 승객을 위해 만든 안내문을 승객이 없는 시간에 살짝 붙였다가 곧바로 제거했다고? 직원들이 한밤중에 '무궁화 꽃이 피었습니다'라도 했나? 곧바로 떼었는데 신문에 났다고? 이걸 실화로 믿을 바보가 있을까? 겸허하게 '실수했습니다. 죄송합니다.'라고 사과할 때, 말은 힘을 갖고 이해와 용서를 구할 수 있다. 김 여사의 'member Yuji'나 식당 차림표에 적힌 '육회 Six Times'는 웃기기라도 하지만, Light Oil은 슬프다.

안전을 위한 우리말 쓰기

한글문화연대는 국민의 안전과 편리한 생활을 위해 누구나 알 수 있는 쉬운 우리말 쓰기 운동을 펼치고 있다. 특히 '공공 언어 쉽게 쓰기'에 많은 힘을 쏟고 있는데, 정부, 지자체, 언론 등에서 사용하는 공공 언어가 모든 국민을 대상으로 하기 때문이다. 서울시청에 부탁해 '스크린도어'를 '안전문'으로 바꾸었고, 정부나 공공 기관에 편지를 보내 '웹사이트'나 '홈페이지' 대신 '누리집'을 써 줄 것을 요청하고 있다.

언젠가 도로 위에 표시된 'KISS & RIDE'를 발견하고 무슨 말인지 몰라 생각에 잠겼다. KISS는 입맞춤을 의미하는 '키스'이고, RIDE는 말이나 자동차 등을 탈 때 쓰는 '라이드'일 텐데, 가운데 '그리고'를 뜻하는 '&'가 있으니, '키스하고 올라타라.'는 얘기인가? 도로 한복판에서? 게다가 저걸 운전자들이나 승객들 보라고 썼을 텐데, 참으로 기괴한 문구 아닌가? 일단 영어 알파벳을 읽어야 이런 생각도 할 수 있겠지만... 비장의 무기 스마트폰을 집어 들었다.

'키스 앤 라이드(Kiss and Ride)'라는 표현이 있다. 이는 공공 표지판 중의 하나로, 우리말로는 '환승 정차구역' 정도로 옮길 수 있는 표현이다. 도시 외곽까지는 자가용으로 가고 거기에서 버스나 기차를 갈아타게 되어 있는 도심지 교통 혼잡 축소 시스템 중의 하나로, 잠깐 정차해서 사람을 내려주고 가는 구역을 말한다. (THE OWL

영미인들은 헤어질 때 뽀뽀나 입맞춤을 한다. 진한 키스를 나누는 경우도 있다. 백주 대낮에 별꼴이라는 생각도 했지만, 그게 그들의 문화다. 여하간 만나고 헤어질 때마다 키스하는 문화여서 그런 장소에 'KISS & RIDE'라는 이름을 붙였겠지만 우리에게는 생소하다. 20여 년 전 혜화동 원형 교차로에 'YIELD'라는 교통 표지판이 있었다. 운전을 하다가 저건 뭘까 했는데, 나중에 사전을 찾아보니, '양보'란 뜻이었다. 그러니까 교차로에서 다른 차가 먼저 진입할 수 있도록 양보하라는 표시였다. 이걸 몇 사람이나 알았을까? 나만 몰랐을까? 교통 흐름을 매끄럽게 하는데 조금이라도 도움이 됐을까?

'일드'도 그렇고 '키스 앤 라이드'도 그렇고 무턱대고 가져다 쓰는 게 문제다. '양보'라고 써야 한다. 표지판에 '양보'라고 쓰는 게 그렇게 어렵지는 않을 것! 이런 얘기하면 '우리나라에서 사는 외국인들도 있지 않느냐?'라는 얘기를 하는 보기 드물게 친절한 한국인도 있다. 20여 년 전에 얼마나 많은 외국인들이 살았으며, 그 중 몇 명이나 직접 운전을 했을까? 외국인을 배려하고 외국인들도 편하게 살 수 있는 사회를 만드는 노력이 필요하긴 하지만, 한국인 먼저 생각하자, 물론 양보 옆에 'YIELD'도 쓰고.

한글문화연대는 2017년 신분당선 동천역의 Kiss & Ride 표기 개선을 시작으로 2019년부터 대학생 동아리 '우리말가꿈이'와 함께 수도권 역에 있는 Kiss &Ride 표기를 우리말로 개선하는 활동을 펼쳤다. 그 결과 수도권 지역 22곳의 역에 있는 Kiss & Ride를 '환승정차구역', '잠시정차구역' 등 우리말 표기로 바꿨다. 한글문화연대는 2021년 2월 17일 국회 국토교통위원회에 철도역에 있는 'Kiss & Ride'를 배웅정차장, 환승정차구역 등 우리말로 고치는 것을 감독해 달라고 건의, 그 결과 2021년 3월 12일에 역 시설물의 관리 주체인 한국철도공사와 국가철도공단이 강릉역, 둔내역, 만종역, 일광역, 원주역 등 18곳의 역에 있는 K & R 표기를 우리말인 '환승정차'로 개선했으며 앞으로 새로 역을 설치할 때 '환승정차', '환승정차구역' 등으로 표기하겠다는 답변을 국회를 통해 전달받았다. (한글문화연대, 'Kiss & Ride' 표지 없애, 기사 작성 이파지)

물개 박수는 이럴 때 치는 거다. 국민들은 한글문화연대가 무슨 일을 하는지 잘 모른다. 이런 소식은 언론에 보도가 되어도 거의 보지 않기 때문이다. 그럼에도 '환승정차구역'이 주는 혜택은 누린다. 한글날은 1991년부터 쉬지 않는 기념일로 격하되었는데, 2006년부터 국경일이 되었고, 2013년부터 다시 공휴일이 되었다. 한글문화연대 혼자 이런 성과를 이끌어 냈다고 할 수는 없지만, 한글학회, 세종대왕기념사업회, 한말글문화협회 등 한글 단체와 국민과 함께 손잡고 뛴 결과였다.

2022년 10월 29일 토요일 밤, 이태원에서 참사가 발생했다. 티브이에서 주점이 밀집한 이태원 골목에 걷기 힘들 정도로 많은 인파가 몰린 상황에서 수십 명이 인파에 깔려 의식을 잃었고, 일부는 심장이 정지되는 증세를 보이고 있다는 앵커의 다급한 목소리가 흘러나왔다. 좁은 골목 입구에 많은 사람들이 몰려 있었고, 긴급 출동한 119구급차, 구급 대원, 경찰의 모습도 보였다.

무슨 일이 벌어지고 있는지 한눈에 알 수 없었지만 끔찍한 사고가 났음에는 틀림없었다. 누군가가 넘어지면서 연쇄적으로 넘어지며 사람이 깔리는 상황이 되었다고도 하고, 누군가가 뒤에서 밀었다는 제보도 나왔고, 호흡 곤란을 겪거나 심장이 정지된 사람들에게 일반 시민들까지 나서서 CPR을 하고 있다고 했다. CPR을 통해 심장이 다시 뛰도록 해야 살릴 수 있다는 거였다. 그런데 앵커와 현장 기자가 말하는 '씨피알(CPR)'은 도대체 뭔가?

CPR을 시행할 때... 반듯이 눕힌 다음에 양쪽 어깨를 잡고 가볍게 흔들면서 큰 소리로 불러서 누워 있는 분의 의식을 확인해야 됩니다... 만약에 의식이 없다는 게 확인되면 주변 사람에게 도움을 요청해서 119에 신고할 수 있도록 요청해야 되고 이때부터 거기서 흉부압박을 시작해야 되거든요... 양측 젖꼭지를 연결하는 가상의 선 중앙에 손꿈치 그러니까 손목의 끝부분을 이용해서 가슴이 5~6cm 정도 눌릴 정도로 압박을 시행합니다... 1분당 한 100~120회 이상의 속도로 시행을 해야 합니다. 그래서 목격자가 만약에 지금 심폐소생술 교육을 받지 않은 경우가 있을 수 있거든요... 지하철역 같은 경우에 보면 자동재세동기라고 해서 우리가 심장자동충격기라고 하거든요. 이 기계를 사용하게 되면 오히려 조금 더 수월하게 심장압박 또 CPR을 시행할 수 있는 거죠, 기계적으로 할 수 있는 거니까요. (와이티엔 뉴스, 전문가 인터뷰)

씨피알! 귀를 쫑긋 세우고 들으니, 흉부를 압박해서 다시 심장을 뛰게 하는 '심폐소생술'이었다. 처음부터 심폐소생술이라 하면 될 것을 생사의 갈림길에 선 사람들 얘기를 전하면서 굳이 생소한 '씨피알'이란 말을 쓸 필요는 없지 않을까? 삼가 이태원에서 소중한 목숨을 잃은 희생자들의 명복을 빌며 유가족에게 깊은 위로의 마음을 전한다.

덧: 이태원 참사 발생 당시 정부는 없었다. 10만 명 정도가 모일 것으로 예상하면서도 아무런 대비를 하지 않았다. 참사 발생 후 '인력이 미리 배치되었어도 사고를 미리 막기 어려웠을 것'이라는 이상민 장관의 말은 귀를 의심케 했다. 사전에 경찰 병력이 배치되어 사람들을 분산시키며 밀집을 막았다면 사고를 미연에 방지할 수 있었을 테고, 적어도 그렇게 많은 사람이 길거리에서 불귀의 객이 되지는 않았을 것이다.

사고 원인을 서양 문화에 대한 맹목적인 추종에서 기인한 것으로 돌리는 사람도 있지만 서양에서 온 축제가 핼러윈뿐만은 아니다. 심지어 '놀다 죽었다.'라는 말을 하는 사람도 있는데 놀다가 죽었으니, 망자들 잘못이라는 건가? 창원시 김미나 의원은 "자식팔아_장사한단소리_나온다, 나라구하다_죽었냐"라는 차마 입에 담을 수 없는 망언을 쏟아냈는데, 국민의 뜻을 대변하는 의원 자질을 따지기 이전에 인간 실격이다. 문명 도시 서울 한복판에서 친구, 연인, 가족과 함께 축제를 즐기다 전대미문의 사고로 목숨을 잃은 억울한 원혼들과 가족을 잃은 유족들에게 절대 해서는 안 될 말이다. 안전한 대한민국은 언제 어디서나 마음 놓고 일하고 놀고 자며 편안히 살 수 있는 곳이어야 한다.

외래 용어 오남용 비타민

커피를 마신다. 일회용 컵은 쓰지 않는다. 컴퓨터를 켜고 모니터를 통해 뉴스도 읽고, 카톡도 확인하고 페북이나 유튜브도 살펴본다. 오디오 프로그램을 켜고 볼륨을 올리면 스피커에서 어깨를 두드리는 듯한 강한 비트의 음악이 흘러나온다. 이처럼 날마다 우리는 숱한 외래 용어를 사용한다. 커피나 컵 외에도 불가피하게 쓰는 것들이 많다. 이런 외래어 사용을 나무랄 수는 없지만 우리말이 있는데도 외래 용어를 남용하는 행위는 삼가야 한다.

과거에는 생소한 외래 용어를 방송과 언론에서 남발하는 것이 문제였고 패션 잡지는 동네북이었다. 요새는 패션 분야뿐만 아니라 컴퓨터, 아이티, 자동차, 인공지능, 정치, 외교, 경제, 환경 등등 분야를 막론하고 생소한 용어가 홍수처럼 쏟아진다. 심지어 쉬운 말로 국민과의 원활한 소통을 최우선해야 하는 정부, 지자체, 공공 기관 등에서도 요상한 말들을 남발한다. 서울시에서 혹한기 노숙인의 동사를 예방하기 위해 '노숙인 쉘터'를 만들었다고 하는데, 정작 노숙인은 '쉘터'를 모른다. 오죽하면 방송에서 새로 나온 외래 용어 설명을 할까!

시민들도 무감각하다. '데스크테리어'는 '데스크'와 '인테리어'를 합친 말로 '책상을 꾸미는 것'을 뜻하니, '책상 꾸미기'라고 하면 될 텐데 영어 단어를 조합해 쓴다. 조깅하면서 쓰레기 줍는 것을 '플로깅'이라고 해서 사람을 어리둥절케 하더니, '비치코밍'이 등장했다. '비치'는 해변을 뜻하겠지만, '코믹'도 아니고, '코밍'은 뭘까? '바다를 살리는 비치코밍'이라는 표현을 보니, 바다가 오염되는 것을 막는 활동을 뜻하는 말인 것 같다.

다시 스마트폰의 위력을 빌려 검색해 보니, '바닷가로 떠밀려온 부유물, 쓰레기 등을 거두어 모으는 행위를 빗질에 비유하여 이르는 말'이다. 딩동댕! 짐작이 맞았지만, 눈곱만큼도 기쁘지 않다. 도대체 무슨 생각으로 이런 말을 쓰는 걸까? 이런 말을 좋아하는 사람들의 뇌가 궁금하다. 시쳇말로 '뇌피셜'이라고 해야 할까? 다음은 언론에 등장한 난해한 외래 용어다.

이제 MZ에 대한 어설픈 뇌피셜 평가는 그만하고, 실증적인 조사와 연구로 그들과 대화하는 것이 MZ가 만들어갈 미래를 위해 기성세대가 할 일이다. (경북매일, 칼럼, 과소비인가 투자인가)

1차 접종 후 예상 TTS 발생률은 100만명 당 8.1명이었다... 글로벌 안전성 데이터베이스를 바탕으로 진행됐다. - NEWS1

집권당의 포퓰리즘(대중영합주의) 정책이 쏟아질 것으로 예상된다. - 뉴데일리경제 창간기획-리셋 더 넥스트 - 서울경제

뇌피셜은 신체 부위인 '뇌'와 '오피셜(official)'을 합쳐 만든 신조어다.

공식적으로 검증된 사실이 아닌 개인적인 생각을 말할 때, '그건 어디까지나 너의 뇌피셜이지.' '정말 미친 뇌피셜이네.'라는 식으로 말하는데, 이미 일상어로 등극했으며, '밀레니얼제트세대'를 뜻하는 'MZ'은 한글이 아닌 로마자 표기로 굳어가고 있다.

'글로벌'이나 '데이터베이스' 역시 일상어가 되었다고 할 수 있겠지만, 'TTS'는 뭘까? 기사를 읽어 내려가다가 'TTS는 웅고 장애'라는 대목에 가서야 알았다. 뉴데일리경제가 쓴 '포퓰리즘(대중영합주의)'은 그냥 '대중영합주의'라고 하면 된다. 서울경제의 창간기획 '리셋 더 넥스트'는 영어를 한글로 썼다. 'miraereul wihan junbi'라고 써도 영어가 아니듯 한글로 써도 우리말이 아니다. 이 정도면 외래 용어 중독은 필로폰보다 독하니 망국병이라고 해도 과언은 아닐 것이다.

국립국어원에서는 어려운 외국어 신어가 퍼지기 전에 국민이 이해하기 쉬운 우리말 대체어를 제공하기 위한 목적으로 2020년 1월부터 '새말모임' 활동을 시작했고, 언론에서도 열심히 보도하고 있으나, '인슈어테크'는 '보험정보기술', '그린푸드'는 '건강음식', '1코노미'는 '1인경제', '쉘터'는 '쉼터'로 다듬었다고 소개만 할 뿐, 정작 독자들이 즐겨 읽는 지면에는 나오지 않는다. 기자들의 각성을 촉구하며 이 문제를 풀 비타민을 생각해 보았다. 즉각 대체하는 것이 어렵다면 살짝 돌아가는 것도 방법이니, 우리말 대체어가 퍼질 때까지 외래 용어를 괄호 안에 넣으면 어떨까!

코로나 위기 속에서도 한국에서는 패닉바잉(panic buying)이 일어나지 않았습니다.

→ 코로나 위기 속에서도 한국에서는 <u>공황구매</u>(패닉바잉 panic buying)가 일어나지 않았습니다.

불법 촬영을 막기 위해 공중화장실에 <u>안심 스크린</u>(安心 screen)을 설치했습니다.
→ 불법 촬영을 막기 위해 공중화장실에 <u>안심가림판</u>(안심 스크린 安心 screen)을 설치했습니다.

노숙인들이 거주할 수 있는 <u>쉘터</u>(Shelter)들이 3,000명 정도밖에 수용할 수 없어…
→ 노숙인들이 거주할 수 있는 <u>쉼터</u>(쉘터: Shelter)들이 3,000명 정도밖에 수용할 수 없어…

환경에 대한 관심이 높고, <u>미닝아웃</u>(meaning out)을 지향하는 고객들에게 <u>그린테일</u>(greentail)을 통한 <u>마케팅</u>(marketing)이 대세입니다.
→ 환경에 대한 관심이 높고, <u>소신소비</u>(미닝아웃 meaning out)를 지향하는 고객들에게 <u>친환경 유통</u>(그린테일 greentail)을 통한 <u>홍보</u>(마케팅 marketing)가 대세입니다.

우리말 대체어가 익숙해지면 괄호는 지워도 된다. 공고문, 안내문, 신문 기사 등을 작성하는 공직자들이나 기자들이 번거로움과 불편을 느낄 수 있겠지만, 이렇게 하면 부스러기 영어 중심의 외래 용어 오남용을 줄이고 우리말 중심의 언어생활, 우리말다운 언어생활을 반듯하게 세워나갈 수 있다.

'새말'은 대체어이면서 번역어다. '새말 만들기'는 주체적인 우리말

창조 작업이며 우리다운 언어활동이다. 외래 용어를 우리말로 번역하면 소통이 쉬워질 뿐만 아니라, 새로운 우리말 어휘가 추가됨으로써 우리말이 풍성해지고 표현 능력이 향상되어 국어 발전뿐만 아니라 사회 발전에도 긍정적인 영향을 미친다.

1868년 메이지유신을 단행하면서 서양 문명 수입에 적극적이었던 일본은 근대적 개념을 담고 있는 외국어를 일본어로 번역해 한국과 중국에 수출(?)했고, 그 말들은 3국 공통 용어로 쓰이고 있다. 서양 문명의 핵을 품은 용어의 번역을 통해 일본이 동아시아 3국에서 가장 빨리 서구식 근대화를 이뤘다는 견해도 있다.

roman → 낭만(浪漫)	love → 연애(戀愛)
honey-moon → 신혼여행(新婚旅行)	science → 과학(科學)
invention → 발명(發明)	electricity → 전기(電氣)
prodution → 생산(生産)	world → 세계(世界)
civilization → 문명(文明)	culture → 문화(文化)
modern → 근대(近代)	liberty, freedom → 자유(自由)
right → 권리(權利)	speech → 연설(演說)
society → 사회(社會)	individual → 개인(個人)
law → 법률(法律)	nature → 자연(自然)

일본 번역어 중 일부(야나부 아키라, 『번역어성립사정』, 마루야마 마사오, 『번역과 일본의 근대』)

로마자 약칭 대신 우리말 약칭

'국제연합'이라는 '이름'은 거의 들리지 않는다. 언론은 물론 일반인도 '유엔'이라고 한다. 언론 보도에는 '유엔'과 'UN'이 함께 보인다. 본디 'United Nations'라는 기구 이름을 머리글자를 따 'UN'이라고 한 것이지만, 한글로 '유엔'이라고 써도 전혀 어색하지 않다. '유엔'과 마찬가지로 한글로 표기하는 국제기구 이름에 유니세프(UNICEF), 유네스코(UNESCO), 나토(NATO) 등이 있다. 이들 기구는 한글로 적든 로마자로 적든 자연스럽다(?). 하루가 멀다 하고 방송에서 들리기도 신문에서 보이기도 해서일 것이다.

반면 익숙한 이름임에도 WTO, G7, G20, IAEA, APEC, FIFA, EU 등은 한글로 적지 않고 대부분 로마자로 적는다. 이상하다! 어떤 것은 한글로 적고, 어떤 것은 로마자로 적는다. 어떤 잣대를 댔는지 모르지만 차별적이다! 한글과 로마자로 나눠서 쓴 이유도 알 수 없다. 공평하게 한글로 더블유티오, 지세븐, 지이십, 아이에이이에이, 에이페크, 피파, 이유 등으로 적을 수 있는데도 적지 않는다. 한글로 쓴 '더블유티오'나 '이유'는 왠지 어색한데, 어색하게 느끼도록 만든 것은 로마자 표기를 고수하는 언론 탓이다.

WTO는 세계무역기구, G7은 주요 7개국, G20은 주요 20개국, IAEA는 국제원자력기구, APEC는 아시아태평양경제협력체, FIFA는 국제축구연맹이다. 이렇게 번역한 이름을 쓸 수도 있다. 물론 '세계무역기구에서는... 주요 7개국 정상은... 국제원자력기구에서는...'이라고 쓴 기사도 있고, 이렇게 말하는 뉴스 아나운서도 있지만, WTO, G7, G20, IAEA, APEC, FIFA, EU가 더 많이 보이고 들린다. 혼란스럽다. 서울신문 어문부 이경우 전문 기자는 2010년 5월 『미디어오늘』에 '그래 바꿔 보자. 로마자 대신 한글로'라는 글을 썼다.

> 어느 날 'TV'를 '티브이'로 바꾸고 싶어졌다. '티브이'는 이미 우리말이 돼 버린 외래어였다. 국어사전에도 반듯하게 표제어로 올라 있다. 당연히 로마자가 아닌 한글로 말이다. 그런데도 이 계획은 시도에 그치고 말았다. 'TV'는 얼른 들어오지만 '티브이'는 어색하다는 주변의 의견과 그동안 내가 써온 습관이 반영된 결과였다... 대부분 'TV'로 표기를 하고, 'TV'는 '티브이'로 쉽게 고쳐지지 않는다. 'TV'가 그동안 구축해 놓은 기득권을 무시하기 어려운 분위기가 있는 것 같다. '티브이'보다 'TV'의 전달력은 점점 강해지고 있는지도 모른다.

언어는 권력이다! 로마자 'TV'는 기득권을 확보한 말이어서 쉽게 무너지지 않는다. 막강한 권력을 소유한 TV에 비해 한글 '티브이'는 무력해 보인다. 그렇다면 처음부터 한글로 '티브이'라고 적음으로써 TV가 기득권을 획득할 수 없도록 하는 것이 옳지 않았을까? 흥미로운 것은 누리꾼들이 사용하는 '신분증명서(identity, identification)'는 초기에 로마자로 ID라고 많이 썼지만, 한글로 '아이디'라고도 쓴다. 이 기자가 한국언론재단의 빅카인즈에서 제공하는 1년 치(2021. 11. 11~2022. 11. 10.) 기사를 검색해 보니, '아이디'는 3,007건, 'ID'는 3,023건이었다고 한다. ID 승이지만 불과 16건 차이다. 이 정도면 해볼 만하지 않은가?

언어 생산자이자 전달자로서 언론의 역할은 중요하다. 최근 우리는 언론의 힘을 실감하는 사건을 경험했다. 수십 년 동안 우크라이나의 수도는 '키예프(Kiev)'였다. '키예프'는 러시아어를 따른 것인데, 러시아가 우크라이나를 침공하면서 전쟁에 돌입하자, 우리 언론은 우크라이나의 요청에 따라 '키이우(Kyiv)'로 바꾸었고, 불과 며칠 사이에 우크라이나의 수도는 '키이우'가 되었다.

'형제의 나라'라는 별명으로 친근한 '터키'는 2022년 여름 국제사회에 '튀르키예(Türkiye)'라고 불러달라는 요청을 했다. 영어로 '터키(Turkey)'는 칠면조뿐만 아니라 겁쟁이, 패배자라는 뜻이 있어 '터키인의 땅'을 뜻하는 '튀르키예'로 바꾼 것이다. 2022년 2월 6일 발생한 지진 소식을 전하는 한국의 모든 언론이 '튀르키예 지진'이라 보도했다. 그렇게 오랫동안 사용해 온 이름, 바뀔 거라는 상상조차 하지 않았던 이름 '키예프'와 '터키'는 찰나에 모습을 감추었다.

이처럼 언론은 장기간 입에 밴 말마저 순식간에 바꾸는 위력을 갖고 있다. 만일 기자가 '세계원자력기구'라고 쓰고, 아나운서가 '국제축구연맹'이라고 말하면 '세계원자력기구'와 '국제축구연맹'이 대중의 언어가 된다. 그럼에도 언론은 자각 없이 영어 이름을 그대로 받아쓴다. 귀에 못이 박히도록 들은 IAEA나 FIFA는 알지만, 비교적 최근 언론에 자주 등장하는 'FED'나 'FOMC'는 무엇인지 아리송하다. FED는 '국가의 통화금융정책을 수행하는 미국의 중앙은행제도'를 가리키니, 한국은행과 같은 기구이고, FOMC는 'Federal Open Market Committee'의 약칭으로 '연방공개시장위원회'를 가리키는데, FED의 주요 기구 중 하나로 화폐 공급의 한도를 결정하는 등 통화금융정책의 방향을 결정하는 기구다.

> 뉴욕증시, FOMC 의사록에 혼조…나스닥 0.13%↑마감
> 뉴욕증시는 연방공개시장위원회(FOMC) 의사록 발표를 소화하며 혼조세로 마감했
> 다… 투자자들은 예상과 크게 다르지 않았던 FOMC 의사록을 소화했다. (연합뉴스,
> 2023. 2. 23.)

> 연준 "다음 FOMC서 0.5%p 인상 가능…금리 전망 올려야"
> 미국 연방준비제도(Fed·연준) 인사들이 다음 연방공개시장위원회(FOMC)에서
> 0.5%포인트 금리 인상 가능성을 시사했다. 최종 금리 수준도 기존 전망치 보다 높
> 아질 수 있다고 말했다… 월가에서는 연준이 3월 FOMC에서 0.25%포인트 인상을
> 할 것이라고 예상하고 있다. (뉴시스, 2023. 3. 2.)

연합뉴스와 뉴시스는 제목에 FOMC라 쓰고, 본문에서는 '연방공개시장위원회(FOMC)', '연방준비제도(Fed·연준)', '연방공개시장위원회(FOMC)'처럼 번역어를 앞에 쓰고 괄호 안에 로마자 약칭을 넣는 방식을 취해 어떤 기구인지를 우리말로 표기하고 있지만, 그 아래에서는 더는 우리말 이름은 보이지 않고 'FOMC'라 표기하고 있다. 그러니까 일단 우리말 이름을 한 번 보여주지만, FOMC를 쓰겠다는 심보다. 결국 독자는 '연방공개시장위원회'가 아닌 'FOMC'를 알고 기억해야 한다. 그

러면서 '북아메리카증권거래소'는 왜 'NASDAQ'이 아니고 '나스닥'이라 표기하는지도 의문이다.

우리말 번역어 '연방준비제도'나 '연방공개시장위원회'를 쓰지 않는 이유로 FED나 FOMC를 쓰는 것이 쉽고 편하다고도 하고, '연방준비제 도'나 '연방공개시장위원회'가 너무 길어 제한된 지면을 너무 많이 차 지해서라고도 한다. 사실 '연방준비제도'는 두 글자로 줄여 '연준'이라 고도 하는데, FED를 쓰는 것보다는 한결 쉽다. 그러면 '연방공개시장위 원회'는 '연준'처럼 줄이는 것이 쉽지 않은 걸까? '연준'을 이해하는 사 람은 '연준'이 '연방준비제도'라는 것을 알아서일 텐데, 'Federal Open Market Committee'를 짧게 FOMC로 줄이듯이 '연방공개시장위원회'를 줄인 말로 '연공위'를 쓴다는 것을 친절하게 설명하면 가능하지 않을까?

'연준' 인사들이 '연공위'에서 0.5%포인트 금리 인상 가능성을 시사했다.

이런 고민을 풀기 위해 2022년 12월 2일 '로마자 약칭 대응 방안: 우 리말 약칭 만들기'라는 제목의 학술 대회가 열려 한국과 중국, 일본에서 국제기구, 협정 등의 원어를 어떻게 사용하고 있는지에 대한 발표와 줄 임말, 로마자 약칭, 우리말 약칭 등에 대한 토론이 있었고, 긴 이름 쓰는 것을 버거워하는 다수 언론인에게 짧고 알기 쉬운 '우리말 약칭'을 만들 어 제공하자는 의견도 나왔다.

발표에 따르면, 중국과 일본이 로마자로 된 용어와 국제기구, 협정의 이름 등을 다루는 방식에서 상당한 차이를 보이고 있다. 이은용에 따르면, 일본은 한국에 비해 외래어를 더 많이 사용한다. 그 배경에 대해 노무라(野村, 2004)는 ① 무리하게 대체어를 만드는 것보다 그대로 쓰는 것이 편리하고 의미 전달이 명확하며, ② 하나의 고유어에 대해 다양한 한자 표기가 대응하는 동음어나 유음어가 많아 문제가 될 수 있으며, ③ 한자어 조어를 만드는 것이 한계 상황에 도달했다는 점 등을 꼽았고, 일본어 어휘를 풍부하게 하기 위해 외래어가 가진 힘을 활용하기를 권했다. 다음은 일본 관공서와 보도기관의 외래어와 외국어 취급 방식에 대한 기준과 사례를 요약한 것이다.

분류	취급	사례
널리 사용되어 정착한 것	그대로 사용	ストレス(스트레스) リサイクル(리사이클)
일반에 정착하지 않아 일본어로 하는 것이 이해하기 쉬운 말	바꾸어 말한다.	イノベーション(이노베이션) → 革新 インセンティブ(인센티브) → 誘因, 刺激, 報奨金 등 ポテンシャル(포텐셜) → 潜在的力
일반에 정착이 쉽지 않고 알기 쉽게 바꾼 말이 없는 것	필요에 따라 주석을 다는 등 알기 쉽게 표현한다.	アイデンティティー(아이덴티티) アプリケーション(어플리케이션) ハードウェア(하드웨어) バリアフリー(배리어프리)

이은용, 보도자료에 사용된 로마자 약어에 대한 한일의 번역양상 비교 고찰

이처럼 일반에 정착하지 않아 일본어로 하는 것이 쉬운 경우에 한해 대체어로서 한자어(革新, 誘因, 刺激, 報奨金, 潜在的力)를 사용하고 있으나, 정착한 것과 마땅한 대체어가 없는 경우에는 원어의 소리를 가타카나로 ストレス, リサイクル, インセンティブ, ハードウェア 등으로 음

차해 표기하고 있다. 이는 한국어에서 외래어를 한글로 스트레스, 리사이클, 인센티브, 하드웨어 등으로 표기하는 것과 같다.

국제기구나 협정 명칭 등에 대해서는 엔에이치케이(NHK) 방송문화연구소의 로마자 약어로 된 조직명의 보도 방식을 참고할 수 있다. '뉴스에서는 ① ASEAN(アセアン: 아세안), UNESCO(ユネスコ: 유네스코), FIFA(フィーファー: 피파) 등처럼 약어를 연결하여 단어로 읽는 것과 ② WHO(ダブリューエッチオー: 더블유에이치오), EU(イーユー: 이유) 등처럼 알파벳을 개별로 읽는데, 이런 고유명사를 사용하는 경우에는 설명이 될 수 있는 말과 함께 알파벳을 읽으며 표기는 알파벳으로 한다.'라고 정하고 있다.

발화: EU, ヨーロッパ聯合(요로파렌고), 표기: EU
→ 아나운서가 EU를 말할 때 '이유, 요로파렌고(유럽연합)'라고 하고, 자막 표기는 EU로 한다.

반면 중국은 외래 용어를 중국어로 바꾸는 경향이 강하다. 국제기구, 협정 등 영어 알파벳으로 된 명칭의 사용 빈도가 높아지자 알파벳 자모어(字母詞: 자모사=로마자) 사용에 대한 반론이 나왔다. 1995년 방몽지(方夢之)는 MTV, OK, NHK 등의 자모어 사용을 지적하면서 중국어의 포용력과 수용력을 강조하면서도 '한자 체계의 완전성, 중국어의 순결성을 지키는 데 유의해야 한다.'라고 주장했고, 2009년 인민일보 푸전궈(博振國) 기자는 '중국어위기론'을 제기하여 큰 반향을 일으켰는데, 인터넷상에서 중국어를 지키는 전쟁을 벌어야 한다는 '중국어보위전'이라는 말도 등장했다.

이 같은 중국의 자국어 중심주의는 일부 자모어 사용의 불가피성을 인정하면서도 번역어 사용에 방점을 찍고 있다. 3S技術(원격탐사), GDP(국내총생산), CEO(최고경영자), CD(콤팩트디스크), IP(인터넷규약), Google(구글), AC米蘭(AC밀란) 등은 신문, 인터넷, 방송 언어 등에서 사용 빈도가 높은 용어로 조사되었지만(2007년), 2022년 김석영 교수가 중국 언론의 국제기구, 협정 명칭 사용 현황을 조사하니, 중문 전칭 우선 사용은 190개, 중문 약칭 우선 사용은 22개, 로마자 약어 우선 사용은 53개로 나타났다. 이처럼 중국 언론은 중문명을 우선 사용하고 있고, 중문명 사용에서 의미 전달을 정확히 하기 위해 약칭보다 전칭을 압도적으로 많이 사용하고 있다. 다음은 중국 언론에서 사용하는 중문명 전칭 사례 일부다.

원어	중문명 전칭
CSIS	美國戰略與國際問題研究中心(미국전략국제연구센터)
UN	聯合國(유엔, 국제연합)
WB	世界銀行(세계은행)
IADB	美州開發銀行(미주개발은행)
UNIFIL	聯合國駐黎巴嫩臨時部隊(유엔레바논평화유지군)
NIS	韓國國家情報員(대한민국 국가정보원)
EAEU	歐亞經濟聯合(유라시아경제연합)

로마자로 표기된 국제기구, 협정 명칭을 대중에게 보도해야 하는 상

황에서 일본은 개방적이고 수용적인 태도를 취하고 있는 데 반해, 중국은 자국어에 대한 자긍심을 지키려는 정서가 강해서 외래 용어를 중국어로 바꾸기 위해 많은 노력을 기울이고 있다. 그렇다면 마찬가지로 같은 상황에 놓인 우리는 어떤 해법을 찾을 수 있을까? 이화여대 최형용 교수(국어학자)는 언론인들이 전칭을 기피하는 경향을 감안해 간편하게 쓸 수 있도록 우리말 약칭을 제안했다.

로마자 약어	원어	한국어 풀이 이름	줄임말 제안
EU	European Union	유럽연합	유련
OECD	Organization for Economic Cooperation and Development	경제협력개발기구	경협기구
APEC	Asia-Pacific Economic Cooperation	아시아태평양 경제협력체	아태경협 아태경협체
ILO	International Labour Organization	국제노동기구	노동기구
ISO	International Organization for Standardization	국제표준화기구	표준화기구
ASEAN	Association of South-East Asian Nations	동남아시아국가연합	동남아국련
IEA	International Energy Agency	국제에너지기구	에너지기구
UNHCR	United Nations High Commission for Refugees	유엔난민기구	난민기구
IDA	International Development Association	국제개발협회	국개협
HACCP	Hazard Analysis and Critical Control Point	안전관리인증기준	인증기준

로마자 약어의 줄임말 제안(최형용, 우리말 줄임의 실험적 제안)에서 발췌.

행정안전부는 '행안부', 문화체육관광부는 '문광부', 여성가족부는 '여가부', 경제정의실천시민연합은 '경실련', 전국경제인연합회는 '전경련', 전국교직원노동조합은 '전교조' 등으로 줄여 사용하듯이 경제협력개발기구(OECD)는 '경협기구', 동남아시아국가연합(ASEAN)은 '동남아국련', 유엔난민기구(UNHCR)는 '난민기구' 등 약칭을 사용하자는 건데, 특히 언론에서 이런 약칭을 적극 사용해 달라고 주문했다.

'동남아국련'과 '난민기구'가 당장은 어색할 수 있지만, 언론의 마력에 의해 금세 익숙해질 것이고, 다소 시간이 걸린다 하더라도 ASEAN, UNHCR보다는 이해하기 쉬워서 매끄러운 소통이 가능하며, 대한민국다운 말글살이도 반듯이 세울 수 있다. 과연 대중의 어려움, 소통의 원활함, 우리말 정체성과 주체성 확립의 염 등을 그러모아 맺은 이 분야 전문가들의 의견을 신문과 방송 등 언론이 받아들일까?

로마자 약칭 대신 우리말 약칭을 사용한다면 원활한 소통을 기대할 수 있을 것이다. 그런데 원점으로 돌아가 다시 한번 생각해 보면 표현의 경제성을 위한 방편으로 반드시 약칭(줄임말)을 써야 하는 것은 아니다. 전체 이름을 쓸 수 없을 정도로 지면이 부족하지도, 방송에서 전체 이름을 부를 여유가 없을 정도로 시간에 쫓기는 것도 아니다. 약간 길더라도 우리말 중심의 말글살이에 대한 의지만 있다면 '과학기술정보통신부', '국토교통부', '동남아시아국가연합'이라고 할 수 있고, 해도 큰 문제는 커녕 아무런 문제가 없다.

무엇보다도 줄임말로만은 의미 전달이 정확하지 않을 수 있다는 점을 생각해야 한다. '여가부'는 '여성가족부'를 줄인 말이지만, 여가 선용을 어떻게 할지를 고민하는 부서로, '교육과학기술부'를 줄인 '교과부'는 교과서를 만드는 곳 정도로 이해한다면 낭패다. 한글문화연대 활동 초기에 어느 언론에서 '한문연'이라는 약칭을 썼는데, 한문과 관련된 활동을 하는 단체라는 인상을 줄 수 있어 식겁했던 기억이 있다. '문화' 두 글자를 생략하고 '한글연대'라고 하는 경우도 있는데, 6글자를 4글자로 줄여 얻는 이득은 얼마나 클까?

2000년대 초반 성균관대학교에 안에 한글문화연대 동아리가 있었다. '성균관대학교 한글문화연대'였는데, 기니 줄이고 싶은 충동이 용솟음친다. 동아리 모람(회원) 중 하나가 '성한연'으로 하자는 제안을 했다. 정말 경제적으로 줄이기는 했지만, '성한연'이라니, 그렇지 않은 ○보다는 낫지만, 좀 곤란했다. 줄이는 게 능사는 아니다. 전체 이름 그대로 '한글문화연대', '성균관 한글문화연대'라 하는 것이 이상적이다.

전체 이름을 사용하면 표현의 경제성은 다소 떨어질지라도 이해의 경제성은 쑥쑥 올라간다. 보도의 목적이 정확한 내용 전달, 독자나 시청취자의 뉴스에 대한 이해를 높이기 위한 것이라면 표현의 경제성보다 이해의 경제성을 먼저 생각해야 한다. 그렇다고 해서 긴 이름을 반복할 필요는 없다. 이미 언론에서 하고 있듯이 처음 사용할 때, 전체 이름을 사용하고, 그 다음부터는 줄임말이 있으면 줄임말을, 줄임말이 없으면 전체 이름을 다시 사용해도 되고, 아니면 '이 단체는, 이 기구는, 이 협회는'과 같은 방식을 취하면 된다. 난해한 로마자 약칭 사용을 줄이기 위한 고육지책으로 나온 우리말 약칭이지만, 전칭이 더 좋다.

아시아태평양경제협력체(APEC)는 24일 서울에서 모임을 갖는다... 이번 아태경협에는 전 회원국이 참가할 것이다...

지난 2일 국제노동기구(ILO)는 개도국에서 빈번히 발생하는 산재 예방을 위한 조사 활동에 들어갔다... 2주간의 활동을 마친 이 기구는 다음 달 조사 결과를 발표할 예정이다...

아리아리 길을 찾아간다

2023년 7월 3일 월요일 오전 7시, 인천국제공항에 '파이팅'이 울려 퍼지기 직전이었다. 때를 놓치면 안 된다 싶어 과감히 끼어들었다.

잠깐! 설명은 나중에 하고요, 일단 파이팅 대신에 '아리아리'를 외쳐 주세요. 하나 둘 셋

아리아리!

2023 국외보훈사적지 탐방에 나선 100여 명의 청년들이 영문도 모른 채 카메라 앞에서 '아리아리'를 외쳤다. 일단 성공이었다. 비행기를 타기 직전 한 청년이 '아리아리'가 무슨 말이냐고 물었다.

'아리아리'는 순우리말이고요, '길이 없으면 길을 찾아가라, 없으면 길을 만들라.'는 뜻입니다. 돌아가신 통일문제연구소 백기완 소장님께서 2002년 월드컵을 앞두고 파이팅 대신 쓰자고 제안하셨죠. 아리랑에도 '아리아리'가 자주 나오는데, 곰곰 생각하면 그런 뜻이 담겨 있는 것 같지 않아요?

2004년 8월, 국립국어원에서 '파이팅'을 대신해 쓸 우리말 투표를 했

을 때, '아리아리'는 아쉽게도 '아자'에 밀렸지만, 평창 동계올림픽 조직위원회는 '아리아리'를 공식 구호로 채택했다. 아이오씨(IOC) 위원 소개 행사에 참여한 문재인 대통령도 환하게 웃는 얼굴로 '아리아리'를 외쳤고, 대회 기간 동안 '아리아리'가 울려 퍼졌다.

　그러나 그때뿐이었다. '아리아리'는 새벽안개처럼 자취를 감추었고, 경기장이나 행사장에서 어쩌다 한 번씩 '아자'나 '아자아자'가 들리기도 했지만, 파이팅에는 역부족이었다. 파이팅은 요지부동이었고, 이 분야의 절대 강자였으며, 난공불락의 철옹성이었다. 한국인은 호전적이지 않지만 왠지 모르게 파이팅을 좋아한다. 틈만 나면 기회만 있으면 모이기만 하면 팔을 치켜들며 입을 모아 '파이팅'을 외친다.

> 서라벌중학교, 파이팅!
>
> 영수야, 시험 잘 봐. 파이팅!
>
> 아빠, 오늘도 힘내세요. 파이팅!
>
> 영숙아, 오늘 면접 잘 봐. 파이팅!
>
> 선배님, 오늘 밤 데이트 잘 하세요. 파이팅!
>
> 언니, 오늘 선 잘 봐야 돼. 파이팅!
>
> 결혼 축하한다. 행복하게 살아. 파이팅!

　선 보러가는 데 파이팅은 이상하다고, 결혼식장에서 파이팅은 어울리지 않는다고 해도 한국인은 파이팅을 외친다. 파이팅은 콩글리시라고 해도, 우리말답지 않다고 해도 한국인은 파이팅을 외친다. 파이팅 대신에 고운 우리말 '아자'나 '아리아리'를 쓰자고 해도 한국인은 파이팅을 외친다. 한국인의 파이팅 사랑은 언제 시작되었을까?

1960~70년대에는 권투가 인기였다. 권투 경기 중계가 있는 날이면 동네 사람들이 텔레비전 앞에 모였고, 선수라도 된 양 주먹을 휘두르며 열광적으로 응원했다. 링에 오른 선수들이 싸우지는 않고 미지근하게 탐색전을 펼치면, 주심은 화끈하게 싸우라는 뜻으로 '파이트'를 외쳤다. 분명 '파이팅'은 아니었고 '파이트'였다.

'파이팅'의 역사를 추적해 '일제 잔재는 아니라는 것'을 규명한 민족문제연구소 이순우 연구원에 따르면('파이팅'은 일제잔재인가?), '파이팅'이 한국 사회에 처음 등장한 것은 독립신문 영문판이었다.

> 조선인들 사이에는 거의 '파이팅 스피릿(fighting spirit)'이 존재하지 않으므로, 각자에 의해 서로가 이러한 영향을 받고 있다. 설령 참가자들이 조금은 위험하더라도 이러한 종류의 스포츠는 장려되어야 한다. (독립신문 영문판인 <디 인디펜던트(The Independent)> 1897년 2월 20일자 논설)

우리말 '투지(鬪志)'를 번역한 '파이팅 스피릿(fighting sprit)'이라는 표현이었다. 이후로도 '파이팅 스피릿'은 종종 언론에 등장했다. "이번 우리 중앙이 대패한 원인은 첫째로 '파이팅 스피리트'가 부족하였던 것과(동아일보, 1926. 9. 5.)"처럼 '파이팅 스피리트'였는데, 어느 순간 '스피릿'이 사라졌다.

제1회전에 루씨(樓氏)에게 무념의 석패를 한 경성여사(京城女師)팀은 부상 중의 선수가 있었으며 라스트의 파이팅이 약(弱)하여 그 노련한 기술을 완전히 발휘치 못하고 둘러간 것은 큰 유감이라 않을 수 없다. (동아일보, 1938. 10. 25. 「신궁경기총평(神宮競技總評) (1) 농구대회」)

'라스트 파이팅' 등장 이후 '파이팅'은 점차 독립적으로 사용되기 시작한 것 같은데, '파이팅'이 응원 구호로 두각을 나타낸 것은 1964년 동경올림픽 즈음이었던 것으로 보인다.

우루과이와의 대전에서 일패도지한 한국선수들은 경기가 끝난 후 힘이 없는 모습으로 퇴장했는데 돌연 관중석에서 '파이팅 코리아'라는 소리가 터져 나왔다. (동아일보, 1964. 10. 12. 「'파이팅 코리아', 관중들 우뢰의 응원」)

응원석에서 '파이팅 코리아'가 일시에 터져 나온 것을 보면, 상당히 오랫동안 '파이팅'을 익숙하게 쓰고 있었다는 사실을 짐작할 수 있다. 이렇듯 '파이팅'은 '파이팅 스피릿 → 라스트 파이팅 → 파이팅'의 변천 과정을 거치면서 널리 퍼졌다. 콩글리시를 만들 수도 쓸 수도 있지만, 온 국민이 맹목적인 파이팅 사랑에 빠진 것, 파이팅에 중독된 것이 아쉽다.

외래 용어에 거부감이 없는 일본에서도 '화이토(ファイト= fight)'보다는 '감바레(頑張れ: 힘내)'가 대세다. 학원물 드라마 '고쿠센(ごくせん)'에서 불량 학생들을 선도하는 역할로 나온 배우 나카마 유키에(仲間 由紀惠)가 자주

'화이토'를 외치는 장면이 인상적이기는 하지만, 그 밖에는 거의 들은 기억이 없다. 선거 때 한국 정치인들이 전국을 돌며 '파이팅'을 외칠 때, 그들은 일본 열도를 돌며 '감바레'를 외친다.

2021년 10월, '파이팅'이 '옥스퍼드영어사전'에 올랐다는 깜짝 뉴스가 나왔다. K-드라마(K-drama), 한류(hallyu), 먹방(mukbang), 대박(daebak), 만화(manhwa) 등 한류 관련 용어와 한국식 영어인 스킨십(skinship), 파이팅(fighting) 등 20여 개 낱말이 한꺼번에 실린 것은 한국 문화의 약진이 반영된 반가운 신호다. 방가방가! 사전을 찾아보니, 파이팅을 '영어 단어 fight에서 나온 것으로 응원과 지지를 표현하는 말'이라고 설명하고 있다.

in Korea and Korean contexts: expressing encouragement, incitement, or support: 'Go on!' 'Go for it!'

Fighting! Hwaiting!.. South Koreans shout 'Fighting!' in English when they cheer sports teams, ship off children to college entrance exams, and toast each other at a team-building office party.

(한국 및 한국어에서: 격려, 선동 또는 지원을 뜻하는 표현: '계속하세요!' '힘내세요!'

파이팅! 화이팅!.. 한국인들은 스포츠 팀을 응원하고, 아이들이 대학 입시를 치를 때, 단합을 도모하는 사무실 모임에서 서로 건배할 때, 영어로 '파이팅!'을 외친다.)

사전뿐만 아니라 현실에서도 영어 원어민이 주먹을 휘두르면서 '파이팅'을 외치는 세상이 되었다. 그렇다고 해서 '아리아리'를 포기할 수는 없다. 한글문화연대는 매주 소식지 '한글 아리아리'를 발간하고 있고, 한글 운동가들은 우리말글의 발전을 위해 목청껏 '아리아리'를 외친다. '아리아리'에 대한 설명을 들은 다음 기꺼이 '아리아리'를 외치며 동참하는 이들도 적지 않다.

2023년 7월 국외보훈사적지 탐방에 나선 청년들은 독립 운동가들의 발자취가 어린 대련, 백두산, 용정, 하얼빈에서 '아리아리'를 외쳤다. 여전히 소수가 내는 작은 목소리지만, 우리의 간절한 바람과 진심이 통한다면, 언젠가는 온 국민에게 사랑받는 날이 오지 않을까?

아리아리: 길을 찾아간다. 길이 없으면 만들어서라도 간다.

독자 여러분 아리아리!

말을 잘하는 사람과 그렇지 않은 사람을 관찰하면 '말하기' 능력에 차이가 있다는 것을 느낄 수 있고, 말 잘하고 글 잘 쓰는 것이 쉽지 않다는 것을 알 수 있다. 유창하게 말하는 것이 말을 잘하는 것일 수도 있지만 정확히 표현하고 잘 전달하는 것이 더욱 중요하다. 말씨가 매끄럽지 않아도 투박해도 하고 싶은 얘기를 진솔하게 하면 된다.

말을 잘하려면 우리말을 알아야 한다. 아는 만큼 폭넓게 활용할 수 있다. 어휘력도 중요하고 문법, 맞춤법 등 언어 규범을 알아야 우리말글을 잘 구사할 수 있다. 언어 규범은 우리말에 대한 약속이다. 약속이 뭔지 알아야 지킬 수 있는 것이어서 문법과 맞춤법에 관심을 가져야 하고 존중해야 한다. 그럼에도 더러는 맞춤법 무용론을 주장하는 사람이 있다.

'왜 맞춤법을 만들어 놓고 거기에 맞춰 말을 하고 글을 써야 하지?'

오해다. 문자 사용은 서기전 3,000년경부터지만 말은 그보다 훨씬 오래전이다. 말이 먼저고 글은 나중이다. 말을 기록하기 위해 문자를 사용한 것이고, 글로 옮기는 과정에서 철자와 문법 등이 정립되었다. 물론 규범이 정립된 후에는 글이 말을 구속하기도 한다. 우리말도 마찬가지다. 규범에 말을 맞춘 것이 아니고, 말에 맞춰 규범을 정한 것이다. 맞춤법에는 규칙성뿐만 아니라 불규칙성, 예외적 현상 등이 담겨 있는데, 이는 맞춤법의 문제라기보다는 우리말이 본디 그런 특성을 갖고 있거나, 그때의 우리가 그렇게 사용했기 때문일 것이다.

　말하기와 글쓰기는 정확해야 한다. 정확하지 않은 말글은 잘못된 정보를 전달하고 오해를 낳으며 소통에 장애를 준다. 졸저『나라말이 사라진 날』을 쓸 때, '1929년 4월, 독일 유학을 마치고 귀국한 이극로가 조선어연구회에 들어왔다.'라고 썼다가 고쳤다. 왜냐하면 4월이 귀국한 때인지, 조선어연구회에 들어간 때인지를 구분할 수 없었기 때문이다.

　독일 유학을 마치고 1929년 1월 귀국한 이극로가 같은 해 4월 조선어연구회에 들어왔다.

　'아하, 이래서 정확하게 써야 되는구나!' 말을 잘하려면 정확하게 표현해야 하는데, 그러려면 정확한 게 무엇인지 알아야 한다. 정보화 시대, 제4차 산업혁명 시대, 인공지능 시대를 살아내기에 필요한 것은 첨단 과학에 관한 지식과 정보겠지만, 사회가 균형 있게 발전하려면 다양한 분야에 걸친 소양을 쌓아야 하는데, 우리말은 필수다. 그래서 우리말 비타민이 필요하다. 사는 게 바빠도 하루 1알 우리말 비타민을 섭취해야 한다.

　어렸을 때는 비틀즈, 아바, 이글스, 사이먼 엔 가펑클 등 외국 노래를 즐겨들었다. 'Bridge Over Troubled Water(험한 세상 다리가 되어)'가 무슨 뜻인지 잘 몰랐지만, '너를 위해 험한 세상의 다리가 되겠다.'라는 가사가 좋고 사이먼과 가펑클의 목소리가 좋아서 엉성한 발음으로 따라도 불렀다. 반면 우리 노래는 시시했다. 요즘은 트로트의 인기가 대단하지만 그때는 '뽕짝'이라 부르며 구닥다리 취급했다.

불과 30~40년 사이에 세계가 방탄소년단, 블랙 핑크, 피프티 피프티 등에 열광할 줄은 상상도 못했다. '기생충', '오징어 게임', '더 글로리' 등 한국 영화와 드라마에 빠질 줄은 꿈도 꾸지 못했다. 한류 팬과 한국어를 배우는 외국인의 숫자가 기하급수적으로 늘고 있다. 한류에 대한 관심이 한국어 학습으로 이어지는 것은 한류의 바탕에 한국어와 한글이 있기 때문이다.

한국인의 정신 활동은 한국어와 한글로 이루어진다. 훈민정음이 창제된 것은 15세기지만, 한글을 제대로 쓰기 시작한 것은 1945년 해방 후로 불과 70여 년밖에 되지 않는다. 이처럼 짧은 시간에 대한민국이 정치·경제·문화 등 여러 분야에서 거둔 눈부신 성취는 반만 년에 이르는 학문 전통과 무궁무진한 잠재력을 발휘한 배우기 쉽고 쓰기 쉬운 문자 한글 덕분이다.

이제 한국어와 한글은 한국인만의 언어가 아닌 세계가 함께 쓰는 언어로 발돋움하고 있다. 우리가 한국어의 표준을 제시해야 한다. 한국어는 이런 것이라고 말해야 하고, 사용법도 명확하게 설명할 수 있어야 한다. 그러기 위해서는 우리가 먼저 우리말을 알아야 한다. 이것이 우리말에 꾸준히 관심을 갖고 공부해야 하는 또 하나의 이유다.

또한 우리말의 미래를 설계해야 한다. 역사는 '과거와 현재와의 대

뚜껑을 열어 둔 채

화'다. 역사학은 현재를 이해하고 미래를 설계하기 위해 과거를 연구한다. 우리말의 과거를 알고 현재를 이해해야 미래를 설계할 수 있다. 맞춤법, 쉽고 바른 우리말, 새말, 대체어, 번역어, 어휘를 늘리고 표현력을 키우는 방법, 차별어 등에 대한 관심과 고민은 미래를 위한 청사진이다. 외국의 학자도 한국어를 연구하지만, 우리말의 미래는 우리가 준비하고 설계해야 한다.

최현배 선생은 국어운동의 다섯 가지 목표를 제시했다. ① 깨끗하게 하기: 바깥 세계와 교류하면서도 우리말 본연의 모습을 지키고 확장한다. ② 쉽게 하기: 쉬운 말글 사용은 국민 모두에게 이롭다. ③ 바르게 하기: 우리말을 어법, 문법, 맞춤법에 따라 바르게 씀으로써 정확한 소통의 편의를 높인다. ④ 풍부하게 하기: 어휘, 표현력 등을 확장하여 우리말의 발전을 꾀한다. ⑤ 너르게 번지도록 하기: 나라 안에서 널리 쓸 뿐만 아니라 나라 밖으로도 번지도록 한다.

다섯 가지 목표가 여전히 유효한 것은 그 동안 성과를 낸 것도 있고 그렇지 못한 것도 있으며 앞으로도 할 일이 많은 때문이다. 지금 이 순간에도 살아 꿈틀거리는 우리말은 넓고 높고 깊다. 학교에서 배운 것만으로 다 알 수 없는데, 배운 것조차 잊어버린다. 평생 학습이 일반 상식이 되었듯이 우리말 학습도 평생 해야 한다. 공부하며 슬기를 모아야 한다. 지금은 컴퓨터나 스마트폰, 마음만 있으면 비타민 같은 우리말 정보를 손쉽게 찾을 수 있다. 유튜브 '우리말 비타민'을 만들면서 언론의 우리말 관련 글에 큰 신세를 지고 있는데, 필자들께 고마움을 전한다.

그러고 보면 참 많은 분께 신세를 지며 산다. 오죽잖은 글을 주물러

맛깔스러운 책을 만들어 주신 한정희 대표님, 김지선 실장님, 한주연 팀장님께 감사드리고, '또 어떤 출판사를 망하게 하려고 책을 쓰느냐?'라며 격려해 준 아내에게도 고마움을 전한다. 책을 내는 게 쉽지 않은 기회여서 되도록 많은 얘기를 하고 싶었으나, 지면의 제한도 있고, 한꺼번에 모든 얘기를 다 할 수 있는 재주도 없지만, 무엇보다도 아는 정보가 많지 않음을 고백하며, 새 직장에서 강도 높은 신입 사원 연수를 받고 있는 페북 친구의 글로 매조진다. 사는 것도 말하기도 우리말 공부도 이런 거 아닐까!

나사만 끼우면 된다 했는데 끼우고 난 뒤에 3킬로 물건을 계속 쌓아야 한다는 이야기는 안 해줌. 대표님이 신입 사원 교육에 깊은 뜻이 있어서 그런 거라 믿음. 대표님 만세! (허리 복대 했는데도 끊어질 것 같음. 그래 근력 운동되고 있는 걸 거야.)

뚜껑을 열어 둔 채

우리말 비타민

초판 인쇄   2023년 09월 15일
초판 발행   2023년 09월 22일

지 은 이   정재환
발 행 인   한정희
발 행 처   종이와나무
편   집   한주연·김지선·유지혜·이다빈·김윤진
마 케 팅   전병관·하재일·유인순
출판번호   406-1973-000003호
주   소   파주시 회동길 445-1 경인빌딩 B동 4층
전   화   031-955-9300   팩   스   031-955-9310
홈페이지   www.kyunginp.co.kr
이 메 일   kyungin@kyunginp.co.kr

ISBN   979-11-88293-22-3   03700
값 18,000원